LA DOBLE PORCION QUE VENCE
LAS DUDAS

La vida del Profeta Eliseo, el hombre de la doble porción y datos de su mentor el Profeta Elías.

Escrito por Randy Island

Prólogo

Para septiembre del 1988 en una comunidad un tanto marginada de un sector del pueblo en Carolina Puerto Rico, un humilde predicador de tan solo 22 años de edad llegó llevando un mensaje de poder cuyo resultado fue de impacto. Esa noche entre las personas que pasaron para aceptar al Señor se encontraba un adolescente de trece años y medio que la noche anterior estuvo divirtiéndose con sus amiguitos cercano al culto, jugando baloncesto, usando como canasto un cajón de leche clavado en una palma de coco. Movido por la ignorancia de no prestar atención de forma irreverente continuó su partido. Luego de ello su madre, al enterarse de su conducta, le amonestó provocando como resultado que esa próxima noche su conducta fuera la correcta y sobre todo una de respeto a lo que aquella iglesia realizaba en esos días.

Lo que no se imaginaba aquel adolescente era que de allí en adelante su vida cambiaría de forma drástica y poderosa. Usted se preguntará ¿por qué? Yo le contestaré en breves palabras la razón de su por qué. Para este adolescente sus compañeros de vida fueron amargura, frustraciones, maltrato, baja autoestima, violencia doméstica, ausencia paternal y resentimientos. Era caminar junto a situaciones que solo lo limitaban a crecer. Es aquí donde su vida toma un giro poderoso porque Dios tenía trazado llevarlo a caminar con gigantes. Cuando hablo de gigantes es de caminar con personas con una mentalidad no limitada a su entorno sino centrada en ver más allá de lo natural. Personas que en su estatura intelectual y espiritual eran sobresalientes, no se movían en lo natural, caminaban en lo sobrenatural con una relación profunda con Dios.

Al pasar de los años se convirtió en un Eliseo siguiendo los pasos de un Elías. Ese predicador humilde de 22 años era Randy Island, con una gracia y poder de Dios impactante. Ángel L. Class soy yo, ese adolescente impactado por este hermoso ministerio. Dios me concedió como a Eliseo caminar junto a un Elías; lo vi en la faceta de estudiante, en la faceta de hijo, en la faceta de líder de jóvenes, de trabajador, en la faceta de maestro de escuela bíblica, en la faceta de miembro de iglesia, en la faceta de esposo y padre. En momentos dados caminé junto a él subiendo un monte a la media noche para encontrar una piedra donde pasáramos la madrugada orando en secreto cuando muchos dormían. Lo vi muchas veces estar en el templo, con una sábana cubrir su cuerpo hasta el amanecer y retirarse a su trabajo para cumplir su responsabilidad laboral. Sé lo que es estar tres días retirado en un monte, donde no había multitudes, donde no había reconocimientos o elogios y observar cómo el Soberano Dios le usaba. Solos, viendo como él le daba la gloria al Dios que lo escogió para el ministerio. Fui testigo de cómo un monte era sacudido por la presencia divina, vi con mis ojos una nube descender de forma literal cubriendo el área donde nos encontrábamos orando. Vi como hojas secas se encendían y como de nuestros cuerpos salía humo por nuestra cabeza y hombros.

Vi a Randy reír y también llorar, pues es un ser muy sentimental. Lo conozco como amigo y es un privilegio verle ahora en la faceta de escritor. Estoy seguro de que como ha sido una gran bendición a mi vida, también lo será para ti en esta hermosa experiencia como lector. Esperando que venzas las dudas bajo la inspiración de este escrito.

Soy parte de una generación impactada por la capacidad de influencia de un buen líder, un gran hombre de Dios. Cuyo compromiso, entrega y pasión lo lleva marcando la diferencia. Hoy puedo testificar que la bondad de Dios me alcanzo. Luego que mi Elías fue llevado a otra región (Estados Unidos) tome el manto de la responsabilidad diciendo; ¿Dónde está el Dios de Randy?, comencé a caminar buscando dirección divina, siendo arropado por su gracia me llevo a nuevos retos ministeriales. Me permitió ser líder de jóvenes en mi iglesia local, como presidente de una de las sociedades más grande en mi concilio, Maestro de adolescentes, líder de jóvenes distrital y regional (A.J.E.C) en Puerto Rico.

Para el año 2001 comencé el ministerio pastoral a los veinticinco años de edad. He trabajado en eventos auspiciado por FRAPE, (Fraternidad de Concilios Pentecostales) en Puerto Rico, National Hispanic Líder Chip, Presidente de Junta Campamento Ebenezer

Cidra Puerto Rico, líder Departamento Misiones Distrital fungiendo como secretario, vocal y tesorero. También como programador de "La voz de Pentecostés" durante siete años y de televisión canal 46 EBN por tres años.

Actualmente contamos con diecisiete años en la pastoral, he pastoreado tres comunidades de fe, soy miembro de la Junta Del Departamento De Comunicaciones de la Iglesia de Dios Pentecostal M.I. Región de Puerto Rico y Secretario distrital del Cuerpo Ministerial Distrito La Vega Puerto Rico compuesto por treintaicuatro congregaciones. Graduado de la Universidad Pentecostal Mizpa con un Grado Asociado en Teología Pastoral. Felizmente casado con una gran mujer de Dios llamada Myriam Juarbe Rey "La princesa de mi castillo" que por veintidós años ha sido mi fiel acompañante. Actualmente funge como Directora de Asistencia Económica en la Universidad Pentecostal Mizpa. Cuenta con un bachillerato en Teología Pastoral.

Myriam es amiga, consejera, esposa, buena hija, excelente hermana, formidable cuñada, buena compañera de trabajo y sobre tremenda mujer de Dios.

Randy nos llevó a entender que amar a Dios y buscarle de corazón sería la experiencia que marcaría nuestras vidas. Hoy vencí mis dudas y reclamo una doble porción para seguir realizando su obra.

Espero que como Eliseo reclames una nueva experiencia que marque tu vida a tal punto que Dios te use de forma fuera de lo común. Dejando que su gracia sea tu carta de referencia y su santa unción hable por ti. Esperando que venzas tus dudas bajo la inspiración de este escrito.

J. Oswald Sanders autor del libro Liderazgo Espiritual pag.57 expresó lo siguiente: "La Visión conduce a la aventura, y la historia está de lado de la fe que se arriesga"

Ángel. Luis Class Figuero

(Ministro de la Iglesia De Dios Pentecostal M.I. Puerto Rico) 5/4/2018

¿Por qué escribí de Eliseo?

No se puede hablar de Eliseo sin hablar de Elías. Tampoco nunca sabremos en realidad, definir la petición tan grande y amplia del profeta Eliseo cuando dijo 'yo quiero una doble porción de tu espíritu'. Elías le dijo: 'cosa difícil has pedido', pero entendemos por el estilo de vida tan estable que vivió Eliseo, vida victoriosa, sin tacha y sin escándalos, con una autoridad tan grande en su vida y trayectoria donde nunca se quejó, nunca se apartó de la rectitud de la Palabra, no corrió, no tuvo miedo, no se lamentó, no se deprimió ni le corrió a los problemas

Cuando cayó enfermo antes de partir de este mundo llamó al rey y aún en su lecho de muerte y con dolencia, le dio orden a un rey y le profetizó una gran palabra '¿quién te dijo que te detuvieras?'; en pocas palabras, si usted que está haciendo algo para Dios, no se detenga, no se amedrente, sólo tiré la saeta de poder y de bendición.

También este profeta, llamado 'el varón de Dios', después de ya muerto y sepultado, accidentalmente, chocó un difunto con él y se levantó y corrió; fue un impacto a todos los que acompañaban, hasta el muerto quien no entendió lo que sucedió, porque fue que chocó con la unción que resucita a los muertos, Usted chocará con Dios y volverá a sentir otra vez su gloria.

Por todas esas maravillas, entendemos que Eliseo tenía una doble porción divina. A Dios sea la gloria.

Esperamos una gran bendición divina, para ti y los tuyos; disfruta de este libro, luego recibe una doble gloria y una doble bendición y si crees ahora, ¡Recibe una doble porción del espíritu de Dios! Diga Amen.

Yo lo creo en el nombre poderoso de Jesucristo. Tu hermano y amigo, el varón de Dios, **Randy Island**, un hombre que cree todavía que de Dios es el poder. Después que lea este libro, por favor, recomiéndaselo a otro para que comparta la enseñanza, bendición y unción.

Deseándole crecimiento, visión, impartición y grande éxito divino. ¡Y para adelante! ¡Mi Dios le bendiga y guarde!

Contenido

Hablemos del Hombre de Dios

Esther Castro:

Dios bendiga a todos los que están leyendo este maravilloso libro de mi hermano y amigo en Cristo, Evangelista Randy Island. Soy nacida en el Bronx, New York de padres puertorriqueños y criada en el Evangelio de Jesucristo junto a mis hermanos y desde muy pequeña me destaque en la música y en las artes. A la edad de 6 años ya estaba cantando en la iglesia donde me congrego en la Iglesia Pentecostal "La Sinagoga" localizada en el mismo corazón de la ciudad de Harlem en Nueva York.

A los trece años, mientras escuchaba una canción popular titulada "Come to Me" interpretada por France Joli, supe desde entonces que lo que quería hacer era cantar. Estudié ilustración de modas y fotografía en la escuela secundaria H.S. Fashion Industries en Nueva York y me gradué del Hunter College recibiendo un bachillerato en medios de comunicaciones. En áreas de especialización y estudios incluyen artes, teatro, música, vocal, actuación, periodismo, y locución, difusión por Radio y TV. Trabaje en la estación de radio de la universidad con mi propio programa titulado "The Gospel Hour". Trabajé en canal de Fox 5 TV durante varios años como Asistente de Producción, Publicidad, Noticias, Biblioteca, "Good Day New York" y con Bill McCreary - Ganador del Premio Emmy de televisión Periodista, expresentador y vicepresidente de Fox 5 TV News, La Informes McCreary.

Durante ese tiempo cuando estaba en la escuela de H.S pase años persiguiendo la fama y la fortuna a través de la actuación, la canción, el modelaje y el baile. Como actriz trabajando en varias películas, la televisión y el teatro musical ha tenido el privilegio de trabajar con actores como Denzel Washington, Samuel L. Jackson, Wesley Snipes, Rubén Blades, Giancarlo Esposito, Bill Murray, Geena Davis, Randy Quaid, Phil Hartman, Robert Miano, Mel Jackson, Tariq Alexander; películas de directores como Spike Lee, Hawthorne James, telenovelas en ABC-TV y otras apariciones en la televisión.

Trabajo actualmente como productora independiente de mi propio programa de TV "Esther's Latino Christian Music-TV" (en www.MNN.org. Ahora se puede ver a través de Youtube en su Canal oficial. También en Alerta TV Network a través de Verizon, FIOS TV canal 463. Este programa de TV bilingüe que alcanza el todo el mundo con la música que edifica su vida y glorifica a Dios, en el que habrá videos, testimonios, entrevistas, conciertos, estudios de la Biblia, noticias y mucho más.

En la iglesia local soy líder de adoración y fui directora del coro de Jóvenes y formando grupos de Adoración. Trabajé por 8 años como relacionista público y como Vicepresidente de la Asociación de Jóvenes Embajadores de Cristo para el Concilio Latinoamericano en el Distrito de Manhattan. Como tal, supervisado a la juventud de las iglesias en Manhattan para los cuales coordinación actividades como servicios evangelísticos, conferencias, vigilias, retiros y estudios bíblicos, entre otros. Soy también una misionera para el Concilio Latinoamericano de la Iglesia Pentecostal de Dios en la ciudad de Nueva York.

Testimonios en Campañas de Randy Island

He logrado uno de mis sueños al cantar por primera vez en el coliseo de Humacao Puerto Rico en una campaña evangelística de Randy Island con el tema "El yugo se pudrirá a causa de la unción", fue realmente increíble cantar una canción llamada El León y el Cordero frente a miles de personas y en la tierra natal de mi padre Humacao, de donde es mi familia. Tuve el privilegio de participar con el adorador Samuel Hernández, cantó Levantas tus manos, donde Dios se glorifico en tan manera poderosa.

Donde hermano Randy ministro la Palabra y como se manifestó mucho prodigios y milagros, muchos fueron sanados y liberado.

Recuerdo que, en los comienzos de mi ministerio, participando en una campaña en iglesia Casa de Dios en Brooklyn, donde el hermano Randy estaba predicando y estaba a punto de comenzar a orar por los enfermos, me llamó al frente con otros del equipo para reunirse con él, orar y poner las manos a las personas que necesitan oración. Recuerdo que el Espíritu Santo dirigió mis pies hacia una joven que estaba de rodillas orando y llorando. Fui hacia ella y puse mi mano en su espalda y comencé a orar por ella y hablando en lenguas, sentí un fuego, luego se cayó al suelo, pero estaba acostada sobre su espalda donde comencé a orar más por donde vi en el espíritu que Dios estaba realizando una operación y luego ella se levantó. Esa noche Dios hizo tantos milagros que nunca olvidaremos. Al día siguiente, un domingo, ¡recibí una llamada telefónica de un joven amigo de otra iglesia que estaba allí en el servicio para informarme que la joven por la que oré testificó en su iglesia esa mañana que fue sanada de los riñones que sangraban y le dio toda la gloria a Dios! y quería decirme qué había hecho el Señor cuando oré por ella. Nunca olvidaré que este fue el comienzo de los dones de sanidad se manifestó en mi vida de una manera especial, tal como el Señor había prometido para la gloria de Dios.

Randy Island desde que lo conozco es humilde y un varón de Dios. Siempre buscando hacer la voluntad de Dios, alentando a otros a servir al Señor y llamando a todos a la salvación. Este ministerio de hermano Randy Island, "De Dios Es El Poder" me ha inspirado a escribir esta canción titulada "Ahora Que" (de Dios Es El Poder) por ver milagros increíbles como la liberación de personas, curar a los enfermos, personas liberadas de los demonios, al ver el cojo o el paralítico caminar, curado de asma, cáncer, las personas que tenían exceso de peso pierden kilos en el nombre de Jesús, las personas que perdieron su cabello le crecieron pelo, las personas que nacieron con un brazo o pie más corto que el otro fueron sanadas, un brazo creció justo antes mis ojos en tantas campañas de evangelización; a través de los años hemos sido testigos de este tipo de milagros.

Muchos han sido sanados escuchando esta canción "Ahora Que" por el poder de Dios, según algunos testimonios que hemos escuchado. Damos gracias al Señor por su misericordia y por la unción. Es un honor para mi esposo y para mí continuar compartiendo en estas grandes campañas junto a Randy Island haciendo la voluntad de Dios. ¡Toda la gloria a Dios, De Dios Es el Poder!

Nos sentimos muy feliz, es un honor y un gran privilegio compartir con el ministerio de Randy Island por más de 20 años. Desde muy temprano en nuestra sociedad juvenil allá por muchos años, tantos jóvenes alrededor del mundo fueron y sigues siendo impactados e inspirados por su ministerio, incluyéndome a mí.

Podemos testificar de tantos milagros que hemos visto a través de los años en el ministerio de Randy, cómo Dios lo ha usado y continúa usándolo en los dones del espíritu, de una manera muy poderosa, Él ha sido y continúa siendo un ejemplo y vaso de honra en las manos del Señor y una bendición para muchos. ¡A Dios sea toda la gloria!

Es un honor y privilegio de estar yo, Esther Castro, junto a mi esposo Stephen Kotiza en la lista de Los más grandes cantantes y adoradores de la música cristiana internacionales que han participado en el ministerio de Randy Island.

Ahora podemos mirar atrás y ver a tantos jóvenes que han llegado lejos que son hoy en día pastores, ministros, evangelistas, maestros y cantantes, adoradores de que Dios continúa abriendo puertas de una manera especial. Estoy feliz y agradecida a Dios por tener como hermano y amigo en Cristo Evangelista a Randy Island, de quien he aprendido mucho sobre el ministerio y es cuando vi la manifestación de la unción de Dios en mi vida, para usar los dones del Espíritu Santo que el Señor me ha dado y apoyo y continúe para participar en su ministerio para la gloria y el honor de Dios, Amén.

Esther Castro y su Ministerio y Empresa Multimedia

BOOKING/ INVITACIONES EN ESPAÑOL OR ENGLISH

Website: www.EstherCastro.com

NGSL MEDIA GROUP

Contacto: TEL: 646-387-6459 *

Fax: 646-395-1408

Email: NGSLMediaGroup@gmail.com

Carlos Pérez, Sargento de la Policía

Mi nombre es Carlos Pérez, también me apodan Charlie. Actualmente soy Sargento de la Policía de Puerto Rico desde hace 18 años.

Conocí al varón de Dios Randy Island para el año 1996 en la Ciudad de Boston Massachussets, a través de la hermana Carmen Sánchez, a quien cariñosamente conocemos como "Colorá", la cual asistía junto a este servidor y mi familia, a la Iglesia de Dios Mission Board de la Washington Street en Boston. Había escuchado hablar mucho sobre su estilo de ministración y de la manera que Dios le ha estado utilizando. No fue hasta esa fecha que tuve ese gran honor y privilegio de conocer a quien hoy día es nuestro hermano y amigo, el Ministro, Doctor y Gran Hombre de Dios Rev. Randy Island. Desde ese entonces hasta el presente siempre ha estado en contacto con mi persona y nos ha correspondido con una amistad sincera y totalmente desinteresada. Un hombre Humilde, de gran integridad y profundo compromiso con el Evangelio de Nuestro Señor Jesucristo. Haberle conocido ha sido una gran bendición para mi vida espiritual, su testimonio intachable y su gran devoción por la vida Espiritual, han sido de gran motivación, ejemplo y ayuda en nuestro desarrollo espiritual. Agradezco al Padre a nuestro Señor Jesucristo y al Espíritu Santo haberle conocido.

Dios les bendiga.

Introducción

Agradezco al Espíritu de DIOS por este pequeño libro con temas variados para edificación de tu vida.

En este libro vamos a estudiar un poco la vida de Eliseo, un hombre de DIOS, profeta estable y de una unción poderosa, para milagros físicos y espirituales y la naturaleza. Pero a la vez tenemos que hablar del profeta de fuego Elías quien fue la inspiración para el ministerio de Eliseo.

La pregunta es ¿por qué Eliseo? DIOS me habló de Eliseo cuando terminé un ayuno y me dijo 'mi siervo quiero que estudie la vida del profeta Eliseo.' Cuando profundicé en la vida de este profeta, empecé a recibir una unción y una visión departe de DIOS y mi fe fue aumentada comprendiendo que este profeta DIOS lo usaba en muchos misterios y profundidades, cosas grandes y profundas como dijo Jeremías.

Este profeta podía ver lo que otros no veían; ejemplo, en una ocasión, que su acompañante sintió miedo, Eliseo oro a DIOS y le dijo ábrele los ojos Señor a este hombre para que vea que más son los que están con nosotros que los que están con ellos y el siervo de Eliseo vio el lugar lleno de carruajes de fuego y de ángeles guerreros. Quiero que tus ojos espirituales sean abiertos y quiero que veas no solo los problemas ni la luchas y las batallas, mira el poder y la bendición divina, mira los ángeles y la gloria del Padre Celestial que te cubre ahora.

También Eliseo podía decirle al rey y a su ejército donde estaba el enemigo. Además, por el espíritu de DIOS, podía escuchar de manera sobrenatural, las conversaciones y los planes del enemigo a la distancia. Un hombre de una profundidad en DIOS.

Para la década de los 80 a los 90 empecé a experimental este tipo de manifestación por el Espíritu y podía escuchar conversaciones en los lugares más distantes por el Espíritu; luego llamar las personas y decirles: 'escuché lo que hablaste anoche' y ellos me preguntaban '¿Cómo...?' y yo les explicaba, 'con la unción del Padre Celestial.

En cierta ocasión, era presidente de jóvenes cuando un joven de la iglesia hablaba con su mami en la noche sobre la joven que le gustaba en la iglesia; al otro día yo era el maestro de la clase bíblica y le pregunté en la mañana del domingo cual es la joven que te gusta y se asustó, más le dije 'te escuché anoche hablando con tu mami.'

En el 1987, estaba en New York cuando un grupo de hermanos de la iglesia donde me congregaba estaban planificando una trampa para el pastor; llamé al pastor al otro día y le dije: 'pastor, anoche estaban reunidos un grupo de hermanos planificando algo contra usted.' Eso no solo pasaba antes con los profetas del Antiguo Testamento, todavía DIOS revela, habla, sana, salva, liberta, bautiza y viene pronto.

Esperamos disfrute de un libro diferente, con la ayuda de DIOS Y UN GRUPO DE PROFECIONALES QUEREMOS EDIFICAR TU VIDA. Dios te bendiga y te guarde y te abras los ojos espirituales.

La Duda

Muchos de nosotros no recibimos más porque en nuestras vidas hay (dudas) en cuanto a nosotros, en cuanto Dios, en cuanto a nuestras vidas y nuestro andar diario.

Se supone que los creyentes no dudan en los propósitos divinos, esta a sido la causa de muchos fracasos espirituales; uno de los momentos más señalados por Jesús era la **duda.** En una ocasión hablo con Pedro y le dijo ¡hombre de poca fe! ¿por qué dudaste? (Mateo 14:31).

Si Dios tiene propósito en tu vida debes creer que si El hiso los cielos y la tierra, puede suplir y bendecir tu vida, pues no hay nada imposible para Dios. La poca fe de los creyentes a sido siempre reprendida por Jesús, al Señor nunca le a agradado la poca fe.

Mateo 6:30

Y si a la hierba del campo, que hoy es y mañana se quema en el horno, Dios la viste así, ¿no hará mucho más por vosotros, hombres de poca fe?

Mateo 16:8

Y entendiéndolo Jesús, les dijo: ¿Por qué pensáis dentro de vosotros, hombres de poca fe, que no tenéis pan?

Nuestro Señor quiere lo mejor para su pueblo, pero para que su plan fluya para con notros, debemos tener un poco de fe, ya que sin fe es imposible agradar a DIOS.

Hebreos 11:6

Pero sin fe es imposible agradar a Dios; porque es necesario que el que se acerca a Dios crea que le hay, y que es galardonador de los que le buscan.

Marcos 4:40

Y les dijo: ¿Por qué estáis así amedrentados? ¿Cómo no tenéis fe?

Santiago 1:6

Pero pida con fe, no dudando nada; porque el que duda es semejante a la onda del mar, que es arrastrada por el viento y echada de una parte a otra.

Romanos 4:20

Tampoco dudó, por incredulidad, de la promesa de Dios, sino que se fortaleció en fe, dando gloria a Dios,

Mateo 21:19

Y viendo una higuera cerca del camino, vino a ella, y no halló nada en ella, sino hojas solamente; y le dijo: Nunca jamás nazca de ti fruto. Y luego se secó la higuera.

Mateo 21:21

Respondiendo Jesús, les dijo: De cierto os digo, que si tuviereis fe, y no dudareis, no sólo haréis esto de la higuera, sino que si a este monte dijereis: Quítate y échate en el mar, será hecho.

Marcos 11:23, 24

Porque de cierto os digo que cualquiera que dijere a este monte: Quítate y échate en el mar, y no dudare en su corazón, sino creyere que será hecho lo que dice, lo que diga le será hecho. Por tanto, os digo que todo lo que pidiereis orando, creed que lo recibiréis, y os vendrá.

Judas 22

A algunos que dudan, convencedlos.

La Duda Momentánea

Todo creyente pasa en un momento dado por una duda momentánea; nota usted la palabra "duda momentánea", se va a diferencia de la palabra "duda" y de la palabra "incredulidad". Yo como ministro más de una ocasión me a pasado esto: En una campana en una ciudad de Venezuela en la que se encontraban mas de 17 mil personas, de momento veo que llega la policía al lugar, al instante viene a mi mente una duda momentánea y pienso en que va a parar la situación, pue yo pensé que venían a arrestarme, pero luego sentí calma ya que Predicar la palabra no es un delito si no un privilegio para los pueblos. De pronto veo como salen del vehículo oficial y junto a ellos sacaron una joven endemoniada la cual luchaba fuertemente contra ellos; al ver esto sentí la unción de Dios y les dije que le trajeran hacia donde yo me encontraba, cuando la acercaron le pregunte el nombre y me dijo que era Lucifer. Este fue el primer nombre que llevaba el famoso Querubín grande o más bien era el nombre del enemigo de las almas Satanás. No sabemos el por qué dijo ese nombre, pero si sabemos que cuando le reprendí la joven quedo libre en el nombre de Jesús; toda la gloria sea para Dios.

Esa noche fui al hospedaje junto al Reverendo Orlando Island y el coordinador Benigno Delgado, ya que el país había sido amenazado con una huelga general, por lo cual me encontraba muy preocupado; inmediatamente me paso una duda momentánea y rápido quise salir lo antes posible del país. A las dos de la madrugada se presentó un personaje en la habitación y me dijo que no temiera, que no saliera antes del tiempo del país, que el estaba conmigo en todo momento.

Duda Momentánea para creer la Palabra

Hay personas le ha dado tanto que ya no creen en la palabra tenemos el caso de los dos de camino a Emaús, el Señor me ha dicho que resucitaría lo que también iba a padecer ellos vieron y oyeron del padecimiento, pero no creyeron en la resurrección, en un camino solitario hablando del señor, se sentían muy tristes, sin esperanza sin Fe pero en el momento que más solitario me estaban salió a su encuentro un caminante y le preguntaba qué pláticas que lleváis y ellos le dijeron eres tú el único que no sabe lo que sucedió a Jesús pero ellos no sabían que el que hablaba con ellos era Jesús mismo.

En ocasiones por causa de los problemas no vemos la gloria de Dios y en los momentos más difíciles, Jesús está a nuestro lado y cuando sólo ves huellas en la arena es porque Cristo te lleva en sus brazos de amor. Recuerda siempre hermano que la duda momentánea nubla en tus ojos el plan de Dios.

Duda momentánea en cuanto a Dios

Todos en un momento dado de nuestra vida nos hemos preguntado dónde está Dios ahora que lo necesito yo me imagino que ese fue el caso de los jóvenes hebreos. Veamos lo que dice la palabra del señor cuando el rey Nabucodonosor salió a Jerusalén, te llevo cautivo miles y miles entre los cuales se llevó a los hebreos Daniel, Ananías, Misael y azarías a los cuales el rey puso luego por nombre Sadrac, Misac y Abed-nego. Vemos que el capítulo 1 de Daniel ellos deciden no contaminarse en el capítulo 2 versos del 46 al 49 Dios los honra. Pero luego viene la gran pregunta: ¿Dónde está Dios ahora?

Recuerdo en una ocasión que fui al Ecuador y cuando llegué a Quito salió a recogerme el hermano Jesús Zuruca cuando llegamos el auditorio era aproximadamente como para 1000 o 2000 personas la primera noche muy pocas personas en el lugar no es que yo no hablé público pero pregunté qué había pasado y me contestaron que había muchos problemas en el área en el momento me pasó una duda momentáneamente y me pregunté que Dios me había llevado a ese lugar por lo cual le dije al coordinador que no iba a continuar la campaña esa noche dios habló a mi vida y me dijo continúa con la campaña noche dios hizo tantos milagros qué lugar qué hizo pequeño de la multitud luego fui a Guayaquil y allí la lucha fue más grande ya que mis pulmones y bronquios estaban tapados y no podía respirar rápidamente pasó una duda momentánea y me pregunté si Dios me había llevado al lugar. Los hermanos me llevaron donde unos doctores y cuando me vieron me dijeron: Ministro, usted está muy mal, no podrá predicar, pero de pronto vi un hombre con ropas blancas y una túnica blanca qué sonreías, no era un doctor si no era el señor y esa noche me sano, aleluya.

Dios es grande y poderoso.

Duda momentánea sobre Jesús

Mateo 11:2

Y al oír Juan, en la cárcel, los hechos de Cristo, le envió dos de sus discípulos...

Lucas 7:18

Los discípulos de Juan le dieron las nuevas de todas estas cosas. Y llamó Juan a dos de sus discípulos...

En el momento difícil entraba Juan, le pregunta a través de unos mensajeros ¿eres el Cristo o esperamos a otro? Cristo en esa misma hora sano hechos de enfermedades y de malos espíritus y dio vista a los ciegos, vemos como el señor hizo muchos milagros.

Lucas 7:21

En esa misma hora sanó a muchos de enfermedades y plagas, y de espíritus malos, y a muchos ciegos les dio la vista.

Lucas 7:22

Y respondiendo Jesús, les dijo: Id, haced saber a Juan lo que habéis visto y oído: los ciegos ven, los cojos andan, los leprosos son limpiados, los sordos oyen, los muertos son resucitados, y a los pobres es anunciado el evangelio...

Para que él y sus discípulos pudieran deducir lo hacía la gente. Vemos que muchos hombres tienen dudas momentáneas, hoy se repite la historia, la gente se pregunta cuál será la verdadera religión o el verdadero evangelio, si será este o esperamos a otro, tantas cosas raras hoy en día que viene muchas dudas, pero Cristo habló de que en los últimos tiempos muchos dudarían de la fe y pregunto cuando el hijo de Dios venga hallará fe en la tierra.

Querido hermano no mira las cosas negativas de falsas religiones, aunque te pase una duda por tantas malas cosas que se ven hoy en día, qué Jesús pueda decir como dijo de juan, que a pesar de que tú tienes tus dudas no eres una caña movida por el viento, sino firme como una roca.

Lucas 7:24

Cuando se fueron los mensajeros de Juan, comenzó a decir de Juan a la gente: ¿Qué salisteis a ver al desierto? ¿Una caña sacudida por el viento?

Lucas 7:26

Mas ¿qué salisteis a ver? ¿A un profeta? Sí, os digo, y más que profeta.

Lucas 7:28

Os digo que entre los nacidos de mujeres, no hay mayor profeta que Juan el Bautista; pero el más pequeño en el reino de Dios es mayor que él.

El propósito nuestro es que, aunque vea cosas malas y difíciles mundo, no te dañes ya que hay gente amadores de sí mismo, avaros y carnales, que tienen envidia, que predica otro Evangelio, y no es que haya otro Evangelio, sino que lo han distorsionado coma lo han cambiado.

¿Eres tú el Cristo vamos a otro?

Yo creo lo de Dios no tiene otra esperanza más que la de Jesús.

Hechos 4:12

Y en ningún otro hay salvación; porque no hay otro nombre bajo el cielo, dado a los hombres, en que podamos ser salvos.

Hechos 1:11

...los cuales también les dijeron: Varones galileos, ¿por qué estáis mirando al cielo? Este mismo Jesús, que ha sido tomado de vosotros al cielo, así vendrá como le habéis visto ir al cielo.

Aunque la gente dudé, tu mantente firme porque ciertamente el que ha de venir vendrá y no tardará y todos eran testigos.

Apocalipsis 22:18 al 20

Yo testifico a todo aquel que oye las palabras de la profecía de este libro: Si alguno añadiere a estas cosas, Dios traerá sobre él las plagas que están escritas en este libro. Y si alguno quitare de las palabras del libro de esta profecía, Dios quitará su parte del libro de la vida, y de la santa ciudad y de las cosas que están escritas en este libro. El que da testimonio de estas cosas dice: Ciertamente vengo en breve. Amén; sí, ven, Señor Jesús.

A ti te digo en el nombre de Jesús que seas fiel y Dios te dará tu galardón.

Apocalipsis 22:11,12

El que es injusto, sea injusto todavía; y el que es inmundo, sea inmundo todavía; y el que es justo, practique la justicia todavía; y el que es santo, santifíquese todavía. He aquí yo vengo pronto, y mi galardón conmigo, para recompensar a cada uno según sea su obra.

Se fiel que Dios te bendiga y no dudes de tu Dios.

Duda momentánea sobre la bendición

Algunas de las preguntas de muchos creyentes son: ¿Soy bendecido o no? ¿Soy prosperado o no? Desde la antigüedad Dios ha bendecido a los hombres.

Génesis 24:35

Y Jehová ha bendecido mucho a mi amo, y él se ha engrandecido; y le ha dado ovejas y vacas, plata y oro, siervos y siervas, camellos y asnos.

Génesis 26:12

Y sembró Isaac en aquella tierra, y cosechó aquel año ciento por uno; y le bendijo Jehová.

1 Reyes 3:13

Y aun también te he dado las cosas que no pediste, riquezas y gloria, de tal manera que entre los reyes ninguno haya como tú en todos tus días.

Tenemos que entender esto es una combinación de ambos lados, tú bendices a Dios y Dios te bendice a ti.

Salmo 68:19

Bendito el Señor; cada día nos colma de beneficios El Dios de nuestra salvación.

Mucha gente quiere Que Dios los bendiga, pero no bendicen a Dios. ¿Cómo puedo yo bendecir a Dios?

1. Con tu forma de actuar.

Santiago 4:10 *Humillaos delante del Señor, y él os exaltará.*

2. Con tu alabanza al Señor.

Salmo 29:1, 2 *Tributad a Jehová, oh hijos de los poderosos, dad a Jehová la gloria y el poder. Dad a Jehová la gloria debida a su nombre; adorad a Jehová en la hermosura de la santidad.*

3. Dando testimonio.

2 Corintios 5:17 *De modo que si alguno está en Cristo, nueva criatura es; las cosas viejas pasaron; he aquí todas son hechas nuevas.*

Filipenses 4:8 *Por lo demás, hermanos, todo lo que es verdadero, todo lo honesto, todo lo justo, todo lo puro, todo lo amable, todo lo que es de buen nombre; si hay virtud alguna, si algo digno de alabanza, en esto pensad.*

4. Guardándote en santidad.

Salmo 119:11 *En mi corazón he guardado tus dichos, para no pecar contra ti.*

5. Siendo fiel a su palabra.

Josué 1:8 *Nunca se apartará de tu boca este libro de la ley, sino que de día y de noche meditarás en él, para que guardes y hagas conforme a todo lo que en él está escrito; porque entonces harás prosperar tu camino, y todo te saldrá bien.*

Cuando tú te guardas para Dios ya eres bendecido porque todo lo tienes en su nombre.

Éxodo 23:25

Mas a Jehová vuestro Dios serviréis, y él bendecirá tu pan y tus aguas; y yo quitaré toda enfermedad de en medio de ti.

Tenemos el caso de creyentes que buscan primero la prosperidad y luego buscan a Dios y estos son los que hablan más de prosperidad qué del Señor, los cuales están en un error ya que Cristo dice en su palabra lo siguiente:

Mateo 6:33

Mas buscad primeramente el reino de Dios y su justicia, y todas estas cosas os serán añadidas.

No se debe poner los ojos en el dinero antes que Dios ya que tu vida peligra.

Eclesiastés 5:10

El que ama el dinero, no se saciará de dinero; y el que ama el mucho tener, no sacará fruto. También esto es vanidad.

El que primero tiene al dinero antes que a Dios no sabe en qué gasta su dinero, no tiene dirección de Dios y lo gasta en cosas sin tener necesidad de ellas.

Lucas 15:14

Y cuando todo lo hubo malgastado, vino una gran hambre en aquella provincia, y comenzó a faltarle.

Hay que tener cuidado con pensar primero en el dinero antes que Dios, todo tiene que ir a la par, el crecimiento terrenal y el crecimiento espiritual.

Hay creyentes que creen que no tienen prosperidad porque no tiene el carro qué sueño o no tienen la gran casa que desean, pero no son agradecidos con Dios ya que comen a veces lo que quieren comer otras personas que no pueden tienen buenas casas, aire acondicionado, ropa y buenos zapatos y aún así se queja de que no tienen todo lo que quieren. Da gracias al Señor porque no tienes necesidad, eres bendecido hoy y siempre, ya que Jehová el poderoso está contigo y yo creo que la mejor prosperidad es tener a Dios porque sí el poder de Dios lo tienes todo, no tienes quizás todo lo que quieres, pero necesidad No hay. Recuerde que el rey David lo tenía todo, oro, plata, carruajes, todo tipo de lujos, pero había algo que David todavía no había visto y era un justo desamparado su Simiente que mendigue pan. Tengo al padre, tengo al hijo y al Espíritu Santo y por ello soy bendecido y aún más soy prosperado.

Deuteronomio 28:1 al 13

Acontecerá que, si oyeres atentamente la voz de Jehová tu Dios, para guardar y poner por obra todos sus mandamientos que yo te prescribo hoy, también Jehová tu Dios te exaltará sobre todas las naciones de la tierra. Y vendrán sobre ti todas estas bendiciones, y te alcanzarán, si oyeres la voz de Jehová tu Dios.

Bendito serás tú en la ciudad, y bendito tú en el campo. Bendito el fruto de tu vientre, el fruto de tu tierra, el fruto de tus bestias, la cría de tus vacas y los rebaños de tus ovejas. Benditas serán tu canasta y tu artesa de amasar. Bendito serás en tu entrar, y bendito en tu salir. Jehová derrotará a tus enemigos que se levantaren contra ti; por un camino saldrán contra ti, y por siete caminos huirán de delante de ti. Jehová te enviará su bendición sobre tus graneros, y sobre todo aquello en que pusieres tu mano; y te bendecirá en la tierra que Jehová tu Dios te da. Te confirmará Jehová por pueblo santo suyo, como te lo ha jurado, cuando guardares los mandamientos de Jehová tu Dios, y anduvieres en sus caminos. Y verán todos los pueblos de la tierra que el nombre de Jehová es invocado sobre ti, y te temerán. Y te hará Jehová sobreabundar en bienes, en el fruto de tu vientre, en el fruto de tu bestia, y en el fruto de tu tierra, en el país que Jehová juró a tus padres que te había de dar.

Te abrirá Jehová su buen tesoro, el cielo, para enviar la lluvia a tu tierra en su tiempo, y para bendecir toda obra de tus manos. Y prestarás a muchas naciones, y tú no pedirás prestado. Te pondrá Jehová por cabeza, y no por cola; y estarás encima solamente, y no estarás debajo, si obedecieres los mandamientos de Jehová tu Dios, que yo te ordeno hoy, para que los guardes y cumplas...

Duda momentánea en cuanto al poder

Muchas personas dudan de lo que Dios es capaz de hacer y hasta lo limitan, lo que dice la palabra de Dios.

Isaías 40:28

¿No has sabido, no has oído que el Dios eterno es Jehová, el cual creó los confines de la tierra? No desfallece, ni se fatiga con cansancio, y su entendimiento no hay quien lo alcance.

Salmo 62: 11

Una vez habló Dios; Dos veces he oído esto: Que de Dios es el poder...

Isaías 44: 8

No temáis, ni os amedrentéis; ¿no te lo hice oír desde la antigüedad, y te lo dije? Luego vosotros sois mis testigos. No hay Dios sino yo. No hay Fuerte; no conozco ninguno.

Salmo 8: 3

Cuando veo tus cielos, obra de tus dedos, la luna y las estrellas que tú formaste...

Salmo 19: 1

Los cielos cuentan la gloria de Dios, y el firmamento anuncia la obra de sus manos.

Acaso ese Dios qué hizo los cielos y la tierra gran poder como nos dice Génesis 1:1 al 2 en el principio creó Dios cielos y la tierra. Y la tierra estaba desordenada y vacía, y las tinieblas estaban sobre la faz del Abismo, y el espíritu de Dios sobre la faz de las aguas. Ese mismo Dios qué hizo posible todo esto, podrá contestar tu petición, no debes jamás dudar el poder de Dios.

Job 42: 2

Yo conozco que todo lo puedes, y que no hay pensamiento que se esconda de ti.

Salmo 115. 3

Nuestro Dios está en los cielos; todo lo que quiso ha hecho.

Sólo tienes que creerle a Dios y él te bendecirá. Cristo habló que ese poder vendrá sobre nosotros.

Hechos 1: 8

...pero recibiréis poder, cuando haya venido sobre vosotros el Espíritu Santo, y me seréis testigos en Jerusalén, en toda Judea, en Samaria, y hasta lo último de la tierra.

Este poder es para que lo uses en su nombre sin duda.

Mateo 28.18

Y Jesús se acercó y les habló diciendo: Toda potestad me es dada en el cielo y en la tierra.

Cuando tú crees en este poder en los momentos más difíciles de tu vida ahí está Dios. Yo recuerdo una campaña que dimos con la pastora María Falcón en un pueblito de Connecticut que cuando comenzamos la campaña se encontraba muy cargado, no podía ni predicar de la presión que había en el aire, esa misma noche dios no se movió en el mensaje, no sentía su presencia, cuando terminé el mensaje le entregue el micrófono a la Pastora y me arrodille, le pregunté al Señor qué sucedía y veía neblina en los aires, de pronto dios me habló que para eso me había llevado al lugar, para que reprendiera en su nombre; esa noche cuando reprendí cayeron las cadenas y Dios se movió de una manera muy especial. A veces tenemos el poder y nos turbamos, a la segunda noche de Cruzada pues del mensaje cayó una endemoniada al piso y cuando yo hablaba del poder ella se levantó del piso y agarró una de mis piernas y quiso morderme, pero yo le dije a los ujieres qué no la tocaran, ya que la Biblia dice que tenemos autoridad de sanar oprimidos.

En **Hechos 10: 38** una joven fue libre en el nombre de Jesús, esa noche muchos enfermos fueron sanos, otros rebajaron de peso coma personas con sus pies grandes cele se redujo de tamaño, pues hermanas número 10 de zapatos, se convirtieron en el número ocho y medio, muelas fueron plastificadas, realmente fue la gloria de Dios. Aleluya.

Sí Dios te llamo no dudes, ese poder que tú tienes es para que venzas y no para que te rindas, dios está como poderoso gigante sólo tienes que creer en su poder y en su gloria.

1 Crónicas 29:12

Las riquezas y la gloria proceden de ti, y tú dominas sobre todo; en tu mano está la fuerza y el poder, y en tu mano el hacer grande y el dar poder a todos.

Dudamos siempre sobre el poder de Dios, en los momentos de emoción decimos que tenemos poder, pero en realidad tenemos miedo yo sé que si pregunto cuál fue la última vez que usted oro por un enfermo, usted quizás No sabría contestar, pero, sin embargo, dice tener el don de sanidad. ¿Cuándo fue la última vez que oro por un endemoniado? Quizás nunca, pero cree tener el don de liberación. Hay muchas dudas cuanto al poder de Dios en los creyentes, pero en Cristo hay poder hoy y siempre para perdonar.

Mateo 9: 6

Pues para que sepáis que el Hijo del Hombre tiene potestad en la tierra para perdonar pecados (dice entonces al paralítico): Levántate, toma tu cama, y vete a tu casa.

Cristo tiene poder para dar vida.

Juan 17: 2

...cómo le has dado potestad sobre toda carne, para que dé vida eterna a todos los que le diste.

Cristo tiene poder Para sanar los oprimidos.

Lucas 4: 18

El Espíritu del Señor está sobre mí, Por cuanto me ha ungido para dar buenas nuevas a los pobres; Me ha enviado a sanar a los quebrantados de corazón; A pregonar libertad a los cautivos, Y vista a los ciegos; A poner en libertad a los oprimidos...

Dios tiene poder y del mismo les dio a los hombres, por lo tanto, debemos tener fe, tener valor, creer que tenemos poder.

Miqueas 3:8

Mas yo estoy lleno de poder del Espíritu de Jehová, y de juicio y de fuerza, para denunciar a Jacob su rebelión, y a Israel su pecado.

Por ese poder los hombres de Dios hablan con autoridad.

Hechos 4: 33

Y con gran poder los apóstoles daban testimonio de la resurrección del Señor Jesús, y abundante gracia era sobre todos ellos.

Tenemos que aprender de Jesús que siempre andaba en el poder.

Lucas 4: 14

Y Jesús volvió en el poder del Espíritu a Galilea, y se difundió su fama por toda la tierra de alrededor.

Cuando le creemos a Dios y a su poder suceden milagros.

Hechos 19: 11

Y hacía Dios milagros extraordinarios por mano de Pablo...

Si usted confía en el poder de Dios y cree en el poder de Jesús todo se hará en su nombre, deje la duda y créale al poder victorioso Cristo.

Mateo 19: 26

Y mirándolos Jesús, les dijo: Para los hombres esto es imposible; más para Dios todo es posible.

Y si en estos versos dudas:

Lucas 1: 37

...porque nada hay imposible para Dios.

Elías y Eliseo

dos hombres de Victoria

porque nunca dudaron

No podemos hablar de Eliseo sin antes hablar de su maestro Elías. A estos dos profetas solo lo separan dos letras; así es el propósito de DIOS. Elías fue para Eliseo su mentor, su amigo y su ejemplo en el Señor. Elías fue un profeta de fuego, el vaso que Dios uso para llamar a Eliseo. Vemos al profeta Elías con un empuje glorioso en su ministerio, fue un hombre muy usado por Dios, apareció en el momento más difícil y oscuro que vivió Israel.

1 Reyes 17: 1

Entonces Elías tisbita, que era de los moradores de Galaad, dijo a Acab: Vive Jehová Dios de Israel, en cuya presencia estoy, que no habrá lluvia ni rocío en estos años, sino por mi palabra.

Este pasaje indica el estado deplorable que se encontraba Israel, el profeta amenaza al rey con una sentencia de detener la lluvia.

1 Reyes 17: 7

Pasados algunos días, se secó el arroyo, porque no había llovido sobre la tierra.

Vemos el poder y conocimiento tan profundo que tenía este hombre de Dios, pero en realidad nuestra atención la dirigimos al profeta Elíseo; claro está, siempre recordando algo del Ministerio de su maestro y ejemplo, por así decirlo, reconocer que antes del Eliseo estuvo Elías, dos hombres poderosos de Dios.

Recordando algo sobre el hombre de fuego, Elías:

1 Reyes 18 1 al 17

Elías regresa a ver a Acab

1 Pasados muchos días, vino palabra de Jehová a Elías en el tercer año, diciendo: Ve, muéstrate a Acab, y yo haré llover sobre la faz de la tierra.
2 Fue, pues, Elías a mostrarse a Acab. Y el hambre era grave en Samaria.
3 Y Acab llamó a Abdías su mayordomo. Abdías era en gran manera temeroso de Jehová.

4 *Porque cuando Jezabel destruía a los profetas de Jehová, Abdías tomó a cien profetas y los escondió de cincuenta en cincuenta en cuevas, y los sustentó con pan y agua.*

5 *Dijo, pues, Acab a Abdías: Ve por el país a todas las fuentes de aguas, y a todos los arroyos, a ver si acaso hallaremos hierba con que conservemos la vida a los caballos y a las mulas, para que no nos quedemos sin bestias.*

6 *Y dividieron entre sí el país para recorrerlo; Acab fue por un camino, y Abdías fue separadamente por otro.*

7 *Y yendo Abdías por el camino, se encontró con Elías; y cuando lo reconoció, se postró sobre su rostro y dijo: ¿No eres tú mi señor Elías?*

8 *Y él respondió: Yo soy; ve, di a tu amo: Aquí está Elías.*

9 *Pero él dijo: ¿En qué he pecado, para que entregues a tu siervo en mano de Acab para que me mate?*

10 *Vive Jehová tu Dios, que no ha habido nación ni reino adonde mi señor no haya enviado a buscarte, y todos han respondido: No está aquí; y a reinos y a naciones él ha hecho jurar que no te han hallado.*

11 *¿Y ahora tú dices: Ve, di a tu amo: Aquí está Elías?*

12 *Acontecerá que luego que yo me haya ido, el Espíritu de Jehová te llevará adonde yo no sepa, y al venir yo y dar las nuevas a Acab, al no hallarte él, me matará; y tu siervo teme a Jehová desde su juventud.*

13 *¿No ha sido dicho a mi señor lo que hice, cuando Jezabel mataba a los profetas de Jehová; que escondí a cien varones de los profetas de Jehová de cincuenta en cincuenta en cuevas, y los mantuve con pan y agua?*

14 *¿Y ahora dices tú: Ve, di a tu amo: Aquí está Elías; para que él me mate?*

15 *Y le dijo Elías: Vive Jehová de los ejércitos, en cuya presencia estoy, que hoy me mostraré a él.*

16 *Entonces Abdías fue a encontrarse con Acab, y le dio el aviso; y Acab vino a encontrarse con Elías.*

17 *Cuando Acab vio a Elías, le dijo: ¿Eres tú el que turbas a Israel?*

18. Y él respondió: Yo no he turbado a Israel, sino tú y la casa de tu padre, dejando los mandamientos de Jehová, y siguiendo a los baales.

19. Envía, pues, ahora y congrégame a todo Israel en el monte Carmelo, y los cuatrocientos cincuenta profetas de Baal, y los cuatrocientos profetas de Asera, que comen de la mesa de Jezabel.

Todo tiene su tiempo, hay tiempo de correr o permanecer tranquilos, de tristeza, pero también de alegría, de fe, tiempo de poder, tiempo de lamentación y de temores, pero hay tiempo de victoria, de testificar de las grandezas de Dios, tiempo de apartarse a solas, tiempo de presentarse y enfrentar la tragedia, el dolor y llamar cada cosa por su nombre, hay tiempo de llorar y tiempo de pelear contra los vientos contrarios

Pasaron tres años y DIOS hablo a Elías diciendo muéstrate a Acab. Fíjese bien, el profeta era buscado en todo lugar, pero nunca se imaginaron que Elías estaría en una casa humilde, llena de miseria y calamidades, nunca lo iban a buscar allí, porque todos esperaban que estuviera en un lugar especial y lleno de gloria por ser el gran profeta.

Le daremos una lista de los lugares donde estaban buscando a Elías

1 Reyes 18: 10

Vive Jehová tu Dios, que no ha habido nación ni reino adonde mi señor no haya enviado a buscarte, y todos han respondido: No está aquí; y a reinos y a naciones él ha hecho jurar que no te han hallado.

En las naciones con todas las mejores fuerzas de aquel tiempo y los mejores buscadores del mundo de aquella época, me imagino que estaba en la lista de los más buscado, yo creo que las tinieblas tienen su lista de los hombres y las mujeres que están siendo buscados, por tanto, escóndete en las manos de DIOS o entra en la hendidura de la peña, en la cueva de la victoria divina o en la cueva de Adulan de DIOS, escóndete ahora, porque alguien te está persiguiendo. Sigue la lista en los reinos, entre los reyes, la respuesta de todos los expertos era 'no está aquí', la gran demostración es que el lugar donde el enemigo de las almas creía que estaba, para sorpresa no está ahí.

Vino palabra de Jehová a Elías; fue la misma palara que le habló el mismo DIOS del rio, de la casa de la viuda, ahora 'preséntate delante del problema delante de Acab'. En pocas palabras, enfrenta tus temores, enfrenta tu miedo, enfrenta las tinieblas y levántate ahora. Si es la oscuridad, levántate de noche y camina en la oscuridad, si es el dolor, repréndelo y grítale en el nombre de DIOS que eres libre.

1 Reyes 18: 12-13

Acontecerá que luego que yo me haya ido, el Espíritu de Jehová te llevará adonde yo no sepa, y al venir yo y dar las nuevas a Acab, al no hallarte él, me matará; y tu siervo teme a Jehová desde su juventud. ¿No ha sido dicho a mi señor lo que hice, cuando Jezabel mataba a los profetas de Jehová; que escondí a cien varones de los profetas de Jehová de cincuenta en cincuenta en cuevas, y los mantuve con pan y agua?

Elías se encuentra con un hombre llamado Abdías. Es interesante encontrar a un hombre fiel del Señor en medio de la idolatría, el pecado y la bajeza espiritual que se encontraba el pueblo. Aquí DIOS nos muestra que se puede ser fiel en medio de las tinieblas, en medio del pecado, en medio de las fiestas paganas, el desastre y los avances del pecado. Abdías, un funcionario del gobierno, un empleado fiel a dos reyes, al rey Acab y al rey Jehová, aleluya. Abdías era temeroso de DIOS y parecía un pastor al cuidado de un pueblo lleno de confusión. Abdías le pregunta al profeta '¿no te han dicho la gente los comentarios de lo que hice?', créanme la gente no cuenta las cosas buenas. Bendecimos a todos los hombres y mujeres trabajadores y vencedores, hombres y mujeres que están en posiciones de respecto y de grandeza para ser de bendición, rescatar y bendecir a miles de personas.

Le cuenta al profeta, como el tenía escondido a los profetas y como le suplía y lo bendecía, cosa que no pasaban por la mente de Elías.

Gente que no son profetas, no son pastores, no son evangelistas, no tienen un ministerio, pero son de bendición, pues son destacados en un área específica. Por eso es que hay de todo en la vida, gente del gobierno, bomberos, militares, policías, abogados, doctores, enfermeras, gente en el área dental, en el área de bienes raíces, en el área del deporte, seguros, en el área de ventas y compras, diplomáticos, pilotos, choferes, maestros, en el área de servicios, orfanatorios, los que trabajan con los deambulantes, los pobres, viudas, hogares de rehabilitación, mujeres maltratadas, niños desamparados y abusados o con niños con enfermedades terminales. Siempre orando por los niños del mundo; en el área de emergencias y rescate, en fin, muchas áreas que usted está siendo de bendición como magistrado, abogado, ministro, apóstol, pastor, maestro evangelista, misionero y líder en el área que sea; así era Abdías, un funcionario del gobierno.

Dile a Acab que estoy aquí contesta Elías... me mostraré delante de él, muéstrate hoy firme y fuerte ante todos tus perseguidores y todos tus problemas. (**1 Reyes 18: 18**)

Aprendemos de este pasaje bíblico que hay momento de hablar de las maravillas y el trabajo fuerte que hacemos. Elías escuchó algo especial, que había alguien que lo conocía, que lo respetaba y lo apoyaba. Esto nos enseña que DIOS podía usar a Abdías para sostener a Elías hasta en la cueva, pero DIOS quiso usar la viuda. Cuando Abdías le contó todo esto a Elías. Me imagino lo impactado que quedo Elías. En ocasiones hay que contarle a alguien nuestro trabajo en DIOS para que no se equivoquen y no crean que solo ellos son profetas y que solo ellos trabajan en la obra del Señor. Elías se convence de que DIOS es grande, que tiene sus vasos y su gente en todo lugar y al fin se encuentran Acab y Elías.

Un saludo misterioso:

1 Reyes 18:17

Cuando Acab vio a Elías, le dijo: ¿Eres tú el que turbas a Israel?

El saludo de Acab a Elías fue '¿eres tú el que turbas a Israel?'

Qué pena que el que está mal siempre acusa a alguien, y el que está en pecado, siempre dice que alguien es pecador, y el que esta turbado, siempre dice que alguien lo está turbando

1 Reyes 18:21

Y acercándose Elías a todo el pueblo, dijo: ¿Hasta cuándo claudicaréis vosotros entre dos pensamientos? Si Jehová es Dios, seguidle; y si Baal, id en pos de él. Y el pueblo no respondió palabra.

Ya Elías estaba en la Cumbre de su ministerio, ahora se encuentra frente a los baales. Vemos que Elías le emite un reto: ¿Hasta cuándo claudicareis vosotros entre dos pensamientos?

Vemos que el profeta censura la idolatría y quería que el pueblo si Jehová era Dios o los baales.

Aunque Elías les hizo frente, dijo algo que no era muy sabio: "Sólo he quedado yo como profeta":

1 Reyes 18: 22

Y Elías volvió a decir al pueblo: Sólo yo he quedado profeta de Jehová; más de los profetas de Baal hay cuatrocientos cincuenta hombres.

Esto era un error, hoy en día hay personas que creen lo mismo, pero en el mundo habemos muchos qué somos siervos del Dios Altísimo.

1 Reyes 18: 26

Y ellos tomaron el buey que les fue dado y lo prepararon, e invocaron el nombre de Baal desde la mañana hasta el mediodía, diciendo: ¡Baal, respóndenos! Pero no había voz, ni quien respondiese; entre tanto, ellos andaban saltando cerca del altar que habían hecho.

Vemos a los baalistas clamando a los dioses, pero estos no responden. Es importante saber que Dios condena la idolatría y hay que tener cuidado con este pecado.

Isaías 44: 9 al 20

Los formadores de imágenes de talla, todos ellos son vanidad, y lo más precioso de ellos para nada es útil; y ellos mismos son testigos para su confusión, de que los ídolos no ven ni entienden.

¿Quién formó un dios, o quién fundió una imagen que para nada es de provecho? He aquí que todos los suyos serán avergonzados, porque los artífices mismos son hombres. Todos ellos se juntarán, se presentarán, se asombrarán, y serán avergonzados a una. El herrero toma la tenaza, trabaja en las ascuas, le da forma con los martillos, y trabaja en ello con la fuerza de su brazo; luego tiene hambre, y le faltan las fuerzas; no bebe agua, y se desmaya. El carpintero tiende la regla, lo señala con almagre, lo labra con los cepillos, le da figura con el compás, lo hace en forma de varón, a semejanza de hombre hermoso, para tenerlo en casa. Corta cedros, y toma ciprés y encina, que crecen entre los árboles del bosque; planta pino, que se críe con la lluvia. De él se sirve luego el hombre para quemar, y toma de ellos para calentarse; enciende también el horno, y cuece panes; hace además un dios, y lo adora; fabrica un ídolo, y se arrodilla delante de él. Parte del leño quema en el fuego; con parte de él come carne, prepara un asado, y se sacia; después se calienta, y dice: !!Oh! me he calentado, he visto el fuego; y hace del sobrante un dios, un ídolo suyo; se postra delante de él, lo adora, y le ruega diciendo: Líbrame, porque mi dios eres tú.

No saben ni entienden; porque cerrados están sus ojos para no ver, y su corazón para no entender. No discurre para consigo, no tiene sentido ni entendimiento para decir: Parte de esto quemé en el fuego, y sobre sus brasas cocí pan, asé carne, y la comí. ¿Haré del resto de él una abominación? ¿Me postraré delante de un tronco de árbol? De ceniza se alimenta; su corazón engañado le desvía, para que no libre su alma, ni diga: ¿No es pura mentira lo que tengo en mi mano derecha?

Muchas personas andan en tinieblas adorando ídolos, pero así dice Dios

Isaías 45: 20 al 25

Jehová y los ídolos de Babilonia

Reuníos, y venid; juntaos todos los sobrevivientes de entre las naciones. No tienen conocimiento aquellos que erigen el madero de su ídolo, y los que ruegan a un dios que no salva. Proclamad, y hacedlos acercarse, y entren todos en consulta; ¿quién hizo oír esto desde el principio, y lo tiene dicho desde entonces, sino yo Jehová? Y no hay más Dios que yo; Dios justo y Salvador; ningún otro fuera de mí.

Mirad a mí, y sed salvos, todos los términos de la tierra, porque yo soy Dios, y no hay más. Por mí mismo hice juramento, de mi boca salió palabra en justicia, y no será revocada: Que a mí se doblará toda rodilla, y jurará toda lengua. Y se dirá de mí: Ciertamente en Jehová está la justicia y la fuerza; a él vendrán, y todos los que contra él se enardecen serán avergonzados.

En Jehová será justificada y se gloriará toda la descendencia de Israel.

Nunca el hombre está conforme con Dios desde la antigüedad siempre el hombre ha querido adorar lo creado antes que al Creador, se han postrado a otra cosa, aun viendo la mano de Dios.

Veamos lo que el pueblo hizo en el libro de Éxodo.

Éxodo 32: 1 al 6

Viendo el pueblo que Moisés tardaba en descender del monte, se acercaron entonces a Aarón, y le dijeron: Levántate, haznos dioses que vayan delante de nosotros; porque a este Moisés, el varón que nos sacó de la tierra de Egipto, no sabemos qué le haya acontecido. Y Aarón les dijo: Apartad los zarcillos de oro que están en las orejas de vuestras mujeres, de vuestros hijos y de vuestras hijas, y traédmelos. Entonces todo el pueblo apartó los zarcillos de oro que tenían en sus orejas, y los trajeron a Aarón; y él los tomó de las manos de ellos, y le dio forma con buril, e hizo de ello un becerro de fundición. Entonces dijeron: Israel, estos son tus dioses, que te sacaron de la tierra de Egipto. Y viendo esto Aarón, edificó un altar delante del becerro; y pregonó Aarón, y dijo: Mañana será fiesta para Jehová.

Y al día siguiente madrugaron, y ofrecieron holocaustos, y presentaron ofrendas de paz; y se sentó el pueblo a comer y a beber, y se levantó a regocijarse.

Vemos en la ceguera de este pueblo que a pesar del favor de Dios le dan un mal pago no solamente adoran y hacen un dios, sino que dicen: Este es tu Dios Israel que te saco de Egipto. Qué tristeza pues que Dios obró con todo tipo de milagros y se le da ese pago.

Hoy la historia se repite, tenemos personas que a pesar del favor divino adoran yesos y metales coma hoy aún Hay personas ciegas que adoran a lo creado y no al Creador.

Dios siempre le recuerda a su pueblo que su trato con él no hubo figura alguna para que no se hicieran imagen.

Deuteronomio 4: 15 al 19

Guardad, pues, mucho vuestras almas; pues ninguna figura visteis el día que Jehová habló con vosotros de en medio del fuego; para que no os corrompáis y hagáis para vosotros escultura, imagen de figura alguna, efigie de varón o hembra, figura de animal alguno que está en la tierra, figura de ave alguna alada que vuele por el aire, figura de ningún animal que se arrastre sobre la tierra, figura de pez alguno que haya en el agua debajo de la tierra. No sea que alces tus ojos al cielo, y viendo el sol y la luna y las estrellas, y todo el ejército del cielo, seas impulsado, y te inclines a ellos y les sirvas; porque Jehová tu Dios los ha concedido a todos los pueblos debajo de todos los cielos.

En el verso 28 Dios le dice a su pueblo que los dioses son insensibles

Deuteronomio 4: 28

Y serviréis allí a dioses hechos de manos de hombres, de madera y piedra, que no ven, ni oyen, ni comen, ni huelen.

Hay que recordar los dioses son perecederos.

Isaías 40: 20

El pobre escoge, para ofrecerle, madera que no se apolille; se busca un maestro sabio, que le haga una imagen de talla que no se mueva.

Nunca se puede pensar que la divinidad sea semejante a oro o plata.

Hechos 17: 29

Siendo, pues, linaje de Dios, no debemos pensar que la Divinidad sea semejante a oro, o plata, o piedra, escultura de arte y de imaginación de hombres.

El hombre de este mundo ha cambiado la gloria de Dios por las imágenes.

Romanos 1: 22 y 23

Profesando ser sabios, se hicieron necios, y cambiaron la gloria del Dios incorruptible en semejanza de imagen de hombre corruptible, de aves, de cuadrúpedos y de reptiles.

En la mayoría de los lugares las personas tienen su propio dios, y lugares que tienen grandes monumentos y le adoran. Para otros su dios es el vientre como dice Pablo. Para otros es el placer, pues han cambiado al Dios soberano, pero algún día todos estaremos ante su presencia. Tienes tiempo aún de arrepentirte de la idolatría. En el libro de Jueces capítulo 2 versos 12 y 13 vemos que el pueblo dejó a Jehová y se fue tras dioses paganos.

Jueces 2: 12 al 13

Dejaron a Jehová el Dios de sus padres, que los había sacado de la tierra de Egipto, y se fueron tras otros dioses, los dioses de los pueblos que estaban en sus alrededores, a los cuales adoraron; y provocaron a ira a Jehová. Y dejaron a Jehová, y adoraron a Baal y a Astarot.

La idolatría es condenada por Dios y señalada a través de sus profetas. Dios no quiere que le hagan imagen ni ninguna semejanza de ídolos.

Éxodo 20: 4

No te harás imagen, ni ninguna semejanza de lo que esté arriba en el cielo, ni abajo en la tierra, ni en las aguas debajo de la tierra.

Dios había hablado a su pueblo de que no hicieran escultura alguna.

Levítico 26: 1

No haréis para vosotros ídolos, ni escultura, ni os levantaréis estatua, ni pondréis en vuestra tierra piedra pintada para inclinaros a ella; porque yo soy Jehová vuestro Dios.

La alabanza sólo pertenece a Dios y no a los ídolos.

Isaías 42: 8

Yo Jehová; este es mi nombre; y a otro no daré mi gloria, ni mi alabanza a esculturas.

Hay un mensaje claro en la Biblia para nosotros sobre los ídolos.

1 Juan 5: 21

Hijitos mios, guardaos de los ídolos. Amen.

Los filisteos tenían un dios llamado Dagon, ellos creían que en ese dios estaba el poder.

En el libro de 1era de Samuel los filisteos creían que el poder era de Dagon.

1 Samuel 5: 1 y 2

Cuando los filisteos capturaron el arca de Dios, la llevaron desde Eben-ezer a Asdod. Y tomaron los filisteos el arca de Dios, y la metieron en la casa de Dagón, y la pusieron junto a Dagón.

Vemos cómo llevan el arca del poderoso Dios de Israel al templo de Dagon, ¡qué glorioso es el Dios soberano!

1 Samuel 5: 3, 4

Y cuando al siguiente día los de Asdod se levantaron de mañana, he aquí Dagón postrado en tierra delante del arca de Jehová; y tomaron a Dagón y lo volvieron a su lugar. Y volviéndose a levantar de mañana el siguiente día, he aquí que Dagón había caído postrado en tierra delante del arca de Jehová; y la cabeza de Dagón y las dos palmas de sus manos estaban cortadas sobre el umbral, habiéndole quedado a Dagón el tronco solamente.

Este yeso no pudo con el poder de Dios y aún los mismos ciegos filisteos reconocieron que era la mano del Dios todopoderoso que estaba allí.

1 Samuel 5: 8 al 11

Convocaron, pues, a todos los príncipes de los filisteos, y les dijeron: ¿Qué haremos del arca del Dios de Israel? Y ellos respondieron: Pásese el arca del Dios de Israel a Gat. Y pasaron allá el arca del Dios de Israel. Y aconteció que cuando la habían pasado, la mano de Jehová estuvo contra la ciudad con gran quebrantamiento, y afligió a los hombres de aquella ciudad desde el chico hasta el grande, y se llenaron de tumores. Entonces enviaron el arca de Dios a Ecrón. Y cuando el arca de Dios vino a Ecrón, los ecronitas dieron voces, diciendo: Han pasado a nosotros el arca del Dios de Israel para matarnos a nosotros y a nuestro pueblo. Y enviaron y reunieron a todos los príncipes de los filisteos, diciendo: Enviad el arca del Dios de Israel, y vuélvase a su lugar, y no nos mate a nosotros ni a nuestro pueblo; porque había consternación de muerte en toda la ciudad, y la mano de Dios se había agravado allí.

Vemos el poder de Dios en acción y luego que nadie puede con el Dios de Israel.

1 Samuel 6: 20, 21 Elías enfrenta a los idolatras de Israel

Y dijeron los de Bet-semes: ¿Quién podrá estar delante de Jehová el Dios santo? ¿A quién subirá desde nosotros? Y enviaron mensajeros a los habitantes de Quiriat-jearim, diciendo: Los filisteos han devuelto el arca de Jehová; descended, pues, y llevadla a vosotros.

Y en presencia de ellos clama al poderoso Dios de Israel.

1 Reyes 18: 30 al 37

Entonces dijo Elías a todo el pueblo: Acercaos a mí. Y todo el pueblo se le acercó; y él arregló el altar de Jehová que estaba arruinado. Y tomando Elías doce piedras, conforme al número de las tribus de los hijos de Jacob, al cual había sido dada palabra de Jehová diciendo, Israel será tu nombre, edificó con las piedras un altar en el nombre de Jehová; después hizo una zanja alrededor del altar, en que cupieran dos medidas de grano. Preparó luego la leña, y cortó el buey en pedazos, y lo puso sobre la leña. Y dijo: Llenad cuatro cántaros de agua, y derramadla sobre el holocausto y sobre la leña. Y dijo: Hacedlo otra vez; y otra vez lo hicieron. Dijo aún: Hacedlo la tercera vez; y lo hicieron la tercera vez, de manera que el agua corría alrededor del altar, y también se había llenado de agua la zanja.

Cuando llegó la hora de ofrecerse el holocausto, se acercó el profeta Elías y dijo: Jehová Dios de Abraham, de Isaac y de Israel, sea hoy manifiesto que tú eres Dios en Israel, y que yo soy tu siervo, y que por mandato tuyo he hecho todas estas cosas. Respóndeme, Jehová, respóndeme, para que conozca este pueblo que tú, oh Jehová, eres el Dios, y que tú vuelves a ti el corazón de ellos.

En este pasaje vemos la fe del profeta creyéndole al Dios vivo y de poder, que por su siervo Elías confiar en él, le responde con fuego.

1 Reyes 18: 38-39

Entonces cayó fuego de Jehová, y consumió el holocausto, la leña, las piedras y el polvo, y aun lamió el agua que estaba en la zanja. Viéndolo todo el pueblo, se postraron y dijeron: ¡Jehová es el Dios, Jehová es el Dios!

Jehová es el Dios. ¡Qué linda Victoria que todos digamos Jehová es el Dios! La grandeza de Dios, la victoria de Elías.

Elías derrota alabanza diabólicos de los baalistas y logra que el pueblo grité Que Jehová era Dios.

¿Que ves después de una gran sequia?:

1 Reyes 18: 41-46

Elías ora por lluvia

41 Entonces Elías dijo a Acab: Sube, come y bebe; porque una lluvia grande se oye.
42 Acab subió a comer y a beber. Y Elías subió a la cumbre del Carmelo, y postrándose en tierra, puso su rostro entre las rodillas.
43 Y dijo a su criado: Sube ahora, y mira hacia el mar. Y él subió, y miró, y dijo: No hay nada. Y él le volvió a decir: Vuelve siete veces.
44 A la séptima vez dijo: Yo veo una pequeña nube como la palma de la mano de un hombre, que sube del mar. Y él dijo: Ve, y di a Acab: Unce tu carro y desciende, para que la lluvia no te ataje.
45 Y aconteció, estando en esto, que los cielos se oscurecieron con nubes y viento, y hubo una gran lluvia. Y subiendo Acab, vino a Jezreel.
46 Y la mano de Jehová estuvo sobre Elías, el cual ciñó sus lomos, y corrió delante de Acab hasta llegar a Jezreel.

Siempre tenemos que recordar los problemas y la lucha que provoca una sequía en los alimentos, en los animales, en la vegetación, en los seres humanos, es bien grave la sequía. En el tema físico y en el tema espiritual no es buena la sequia.

El profeta Elías tenía unas cualidades especiales y una autoridad divina, fuerte. Él podía lo mismo hablar con los reyes, gobernantes, soldados y con gentes humildes. No presumía de solo caminar en un nivel de altura, él se movía conforme al mandato divino y no importaba donde estuviera y con quien hablara, él se sentía igual, él era el vaso divino y el profeta de DIOS.

En el capítulo 18 de 1era de Reyes verso 41. Elías le dice al rey vete come y bebe porque una lluvia se oye. Nadie escuchaba nada, pero Elías escuchaba la lluvia. Por eso, Elías envió al rey a comer y a beber, era su costumbre. Pero Elías se fue a la cumbre del monte y se postro sobre sus rodillas.

Usted no sea como los demás. No sigas en la corriente del pueblo, ni sigas el caminar del mundo; si se desvía todo el mundo, usted siga firme. Elías estaba clamando y humillado en tierra esa era su grandeza sabía que de rodillas nadie tropieza

En el verso 42, Acab subió a comer y beber y Elías subió a la cumbre del Carmelo y postrándose; en pocas palabras, no importa la forma de la oración lo importante es que ore.

Ahora en el verso 43 Elías no se dirige al rey ni a los baalistas, ni a la viuda, ahora habla con un joven que caminaba con él, que veía los milagros y las maravillas divinas; con seguridad Elías le dice al siervo sube y mira hacia el mar y dime que ves. Es bien importante entender que, en estos tiempos difíciles hay que preguntarles a nuestros hijos en un dialogo dentro del núcleo familiar dime ¿que ves? Esa es la gran pregunta que ven nuestros hijos, nuestro nietos y familiares, ¿que ves?

Sabemos que solo se ve la violencia, la ira, la desobediencia, pecado, matanzas, adulterio, inmoralidades, suicidio, balaceras, nación contra nación, homosexuales casándose, sodomizándose, orgias y desenfrenos. Nos preguntamos qué hacemos, pues orientemos a nuestra familia, no es responsabilidad del profesor o del maestro, eduquemos en los hogares y confiemos en el nombre de Jesús que todas las cosas nos ayudan para bien y el guardara a nuestros hijos y familiares.

Cuando Elías supo que el siervo no veía nada le dijo vete 7 veces. Elías estaba seguro de que había algo en el mar, el criado de Elías le dijo, en el verso 44, 'yo veo una pequeña nube como la palma de la mano de un hombre que sube del mar'. Cuando usted ve una mano pequeña, nosotros vemos la gloria de DIOS. Donde usted ve un adicto a las drogas, nosotros vemos un hombre libre. Donde usted ve un paralitico, nosotros vemos un hombre caminando. Donde usted ve una ramera, una prostituta, una cualquiera, nosotros vemos una doctora, ama de casa, enfermera, una líder. Así es el ojo del profeta y el ojo espiritual; tenemos que entender que DIOS LEVANTA y cambia las personas, en su nombre.

Mira a esos jóvenes de la calle con el ojo divino y crea que el Señor cambia las personas. Diles a todos que viene lluvia, aunque la gente lo niegue, se burle, se ría; algo poderoso viene para tu vida porque se mueve la mano de DIOS y se mueve con poder solamente tienes que creer. Al que cree, todo le he posible. Aleluya.

En el verso 45 dice que vinieron vientos y una gran lluvia. La misma mano que vio Elías en el mar, vino sobre Elías y corrió delante de Acab y llegó primero que los caballos hasta Jezreel. El hombre vio más de un milagro ese día; un hombre que trajo lluvia en el nombre de DIOS, un hombre que trajo fuego del cielo en el nombre de DIOS, y un hombre que corrió más que los mejores caballos de guerras del rey de Israel; un hombre llamado Elías, que creía que de DIOS ES EL PODER. AMEN

Edifica tu vida y cuéntale a alguien del poder de los milagros de DIOS.

En el capítulo 19 de 1a de Reyes encontramos algo extraño, el guerrero y profeta de fuego tiene miedo y pánico; primero enfrenta a Baal, pero luego huye lleno de pánico por la amenaza de Jezabel. El profeta siempre consultaba a Dios para todo, pero ahora con la amenaza de esta mujer en vez de exponer su caso ante Dios el profeta toma la situación en sus manos y en vez de esperar en Dios huye de La amenaza.

Elías siempre confiaban Dios, pero ahora sólo sentía La amenaza de Jezabel envuelto en pánico.

Debemos recordar que Dios se glorifica en las debilidades y que de él es el poder.

1 Reyes 19:4

Y él se fue por el desierto un día de camino, y vino y se sentó debajo de un enebro; y deseando morirse, dijo: Basta ya, oh Jehová, quítame la vida, pues no soy yo mejor que mis padres.

No podemos negar que al profeta Le falló un poco la fe y por eso corrió, pero Dios para todo tiene un propósito coma el profeta cansado y desanimado le corre a Jezabel amenaza de muerte y se presenta ante Dios deseando morirse Aquí vemos la acción de un hombre cansado, lleno de temor pidiendo algo necio y equivocado. Cuando la fe deja de obrar en nosotros nos turbamos y aún no sabemos que queremos aún hoy en día hay hombres nuestros. Que se frustran y en ocasiones quieren de pelear la batalla coma más la Biblia dice: "Todo lo puedo en Cristo que me fortalece" (Filipenses 4:13).

Por esto un ángel se acerca a Elías, le da comida, pan y agua, entonces Elías se fortalece; viene el ángel la segunda vez y le dice: Levántate y come porque largo camino te resta." (1 Reyes 19:7)

El profeta se fortalece y logra caminar bajo la lluvia de Dios 40 días bajo su gloria y alcanza a llegar hasta Horeb, monte de Dios". El profeta entiende que necesita de una experiencia, aunque no sabemos el por qué el profeta se dirigía a este lugar si sabemos que Dios Trato con el diciéndole dos veces: ¿Qué haces aquí Elías?

1 Reyes 19: 9

Y allí se metió en una cueva, donde pasó la noche. Y vino a él palabra de Jehová, el cual le dijo: ¿Qué haces aquí, Elías?

Cuando Adán había pecado, DIOS lo llamó (Genesis 3: 9) y le preguntó ¿dónde estás tú? Vemos la muestra de ayuda que haces DIOS hacia los hombres. A Josué Jehová le pregunto ¿por qué estas postrado así? A Caín le preguntó ¿dónde estaba tu hermano? Ahora le pregunta a Elías que se encuentra en una situación triste y penosa: '¿qué haces aquí Elías?' Queremos en con esta enseñanza saber cómo te sientes, que haces, que te pasa, por qué no estas igual, por qué te desanimas y por qué ya no te sientes con tanto animo como antes.

El profeta Elías le contesta tres cosas a DIOS que las vamos a analizar:

1 Reyes 19: 10

El respondió: He sentido un vivo celo por Jehová Dios de los ejércitos; porque los hijos de Israel han dejado tu pacto, han derribado tus altares, y han matado a espada a tus profetas; y sólo yo he quedado, y me buscan para quitarme la vida.

'He sentido un vivo celo por Jehová'. Fíjese tantos nombres y cosas extrañas que necesitan los hombres para trabajar, pero Elías solo sentía un vivo celo por Jehová, DIOS de los ejércitos. El profeta le está hablando al dueño de la empresa, de su problema por causa de la empresa de DIOS.

LE DICE EL PROFETA AL MISMO DIOS: 'Han dejado tus pactos, han derribado tus altares, han matado a tus profetas a espadas'; luego dice el profeta 'y solo yo quedo'

Muchas veces hay hombres y mujeres que dan lastima, creyendo que solo ellos trabajan; ministran, evangelizan y solo son los que se preocupan por las vidas, pero DIOS tiene que recordarle que hay muchas personas distinguidas, honestas, misioneros, en gracia y en paz divina, haciendo un trabajo de excelencia para DIOS Y PARA LOS HOMBRES.

Era una visita preciosa celestial que tenía el profeta y vemos que el Señor sabía la condición del profeta, pero quería que su siervo recibiera lo que se conoce como un Desahogo. Jehová reta al profeta dice que salga de la cueva y lo visita de una forma asombrosa: Primero un grande y poderoso viento que rompió los montes y quebrantaba las peñas, luego un terremoto y tras este un fuego, para luego un silbo apacible y delicado. Dios ordena a Elías diciéndole:

1 Reyes 19:15 al 16

Y le dijo Jehová: Ve, vuélvete por tu camino, por el desierto de Damasco; y llegarás, y ungirás a Hazael por rey de Siria. A Jehú hijo de Nimsi ungirás por rey sobre Israel; y a Eliseo hijo de Safat, de Abel-mehola, ungirás para que sea profeta en tu lugar.

Dios ordena al profeta de fuego que ungiera a Eliseo en su lugar. ¡Qué caso más precioso de obediencia! Elías no siente celos porque Dios le dijo que lo ungiera en su lugar.

Llamado de Eliseo

1 Reyes 19:19

Partiendo él de allí, halló a Eliseo hijo de Safat, que araba con doce yuntas delante de sí, y él tenía la última. Y pasando Elías por delante de él, echó sobre él su manto.

El nombre de Eliseo significa "Dios es mi salvación."

Eliseo era hijo de Safat, vivía en Abel-mehola en el Valle del Jordán, se cree que pertenecía a una familia muy pudiente pues eran propietarios de 12 pares de bueyes que labraban en su campo. Este fue un momento inolvidable para Eliseo, lo más probable era que se encontraba labrando la tierra ya que había pasado la sequía ve un hombre serio que se le acercaba, un hombre vestido con ropa de piel y de una mirada profunda, echando su manto sobre el sin titubear. Eliseo dejando los bueyes corrió a Elías y le dice: te ruego que me dejes besar a mi padre y a mi madre y luego te seguiré. Y él le dijo: Ve, vuelve; ¿qué te he hecho yo? Y se volvió y tomó un par de bueyes y los mató y con el arado de los bueyes coció la carne y la dio al pueblo para que comiencen. Después se levantó y fue tras Elías y le servía...

1 Reyes 19:20, 21

Entonces dejando él los bueyes, vino corriendo en pos de Elías, y dijo: Te ruego que me dejes besar a mi padre y a mi madre, y luego te seguiré. Y él le dijo: Ve, vuelve; ¿qué te he hecho yo? Y se volvió, y tomó un par de bueyes y los mató, y con el arado de los bueyes coció la carne, y la dio al pueblo para que comiesen. Después se levantó y fue tras Elías, y le servía.

De este hombre humilde tenemos que aprender pues por la mente de él que Dios lo llamaría quizás su mente estaba siempre en el arado y los bueyes, mirando siempre hacia la tierra, pero en el cielo Ya se pensaba en Eliseo y vemos que cuando Dios lo llamó él se despidió de todo. Hay personas que quieren unción, pero no se quieren despedir del mundo. Eliseo dios de despidió de sus padres, de los bueyes y de sus amigos. Si tú quieres que Dios te use entonces deja todo, deja la vanidad, el pecado coma el vestir mundano y las cosas de este mundo coma renuncia al pecado y Dios te usará.

El traslado de Elías

2 Reyes 2:1

Aconteció que cuando quiso Jehová alzar a Elías en un torbellino al cielo, Elías venía con Eliseo de Gilgal...

Aquí se acercaba un momento que yo diría que es doble y usted preguntara porque?, pues era el momento de tristeza para Eliseo pero al mismo tiempo se acercaba el momento de poder y unción; el profeta Elías le dice a Eliseo que se quedara en el lugar que se encontraba pues Jehová lo había enviado a Betel; era la primera prueba de fe para Eliseo por así decirlo, ya que si queremos algo debemos pelearlo como dijo Pablo: "Pelea la batalla de la fe".

Eliseo le dijo: " vive Jehová y vive tu alma que no te dejaré." Eliseo sabía que el profeta tenía algo especial de Dios y él quería ver qué sucedería con él.

Unos varones querían desanimarlo y le decían: ¿Sabes que Jehová te quitará a tu señor sobre ti? Y Eliseo le dice Sí yo lo sé, callad."

No podemos negar que el varón Eliseo se sentía triste, pero él sabía que tenía que seguir donde quiera que fuera el profeta Elías.

2 Reyes 2:4

Y Elías le volvió a decir: Eliseo, quédate aquí ahora, porque Jehová me ha enviado a Jericó. Y él dijo: Vive Jehová, y vive tu alma, que no te dejaré. Vinieron, pues, a Jericó.

No te detengas en el avance de seguir hasta llegar al cielo, aunque te desanimen sigue siempre adelante y no te detengas, pues Dios bendice al que persevera hasta el fin, dice la Biblia.

Otra vez vienen hijos de profetas de Jericó y quieren nuevamente desanimar al varón Eliseo, pero él les dice: "Sí, yo lo sé, callad": Pues el varón sentía que nadie ni nada día detener.

Luego Elías sentía que en el momento se acercaba y le dijo: "te ruego que te quedes aquí porque Dios me ha enviado al Jordán" pero Eliseo le dice: Vive Jehová y vive tu alma que no te dejaré."

¿Sabía usted querido lector que el Jordán era como la última oportunidad para estar juntos?

Podemos decir y al mismo tiempo ver la humildad de Eliseo qué es probado por tres ocasiones y nunca se quejó. Eliseo siempre macho fiel y no dijo palabra alguna de reclamación negativa aun cuando tiene tres obstáculos:

1. Betel

2. Jericó

3. El Jordán

En todo fue fiel y no abrió su boca, por eso triunfo, por su humildad.

Así debemos aprender de, Eliseo, pues Dios bendice a Los Humildes y el que se humilla será ensalzado.

Elías y Eliseo frente al Jordán

2 Reyes 2:8

Tomando entonces Elías su manto, lo dobló, y golpeó las aguas, las cuales se apartaron a uno y a otro lado, y pasaron ambos por lo seco.

Aquí podemos ver como la misma naturaleza al sentir al poder de Dios obedece; el profeta lleno de fe no tiene temor y con gran confianza golpe a las aguas; este mismo Dios qué dividió las aguas aquí con Elías y Eliseo también las dividió con Moisés:

Éxodo 14:21

Y extendió Moisés su mano sobre el mar, e hizo Jehová que el mar se retirase por recio viento oriental toda aquella noche; y volvió el mar en seco, y las aguas quedaron divididas.

También vemos este milagro por medio de Josué:

Josué 3:13

Y cuando las plantas de los pies de los sacerdotes que llevan el arca de Jehová, Señor de toda la tierra, se asienten en las aguas del Jordán, las aguas del Jordán se dividirán; porque las aguas que vienen de arriba se detendrán en un montón.

Cómo podemos notar era el mismo Dios que estuvo con Josué, estaba con Elías y pasaron en seco por medio del Jordán, por el poder del Señor.

Cuando pasaron el Jordán vemos que después de Eliseo ver el milagro de la división del mar podía pedir lo que él quisiera, ya que el profeta Elías se lo dice: Eliseo podría pedir qué le librará de sus enemigos o podía pedir el manto con que golpeó las aguas, pero no fue así el varón de Dios Eliseo le dijo te ruego que una doble porción de tu espíritu sea sobre mí.

Era un poco difícil esta petición ya que no era don de Elías conceder esto sino de Dios, por lo cual Elías se le contesto: "cosa difícil has pedido si me vieras cuando fuera quitado de ti, te será hecho así, más si no, no.

Yendo ellos de camino vino un carro de fuego con caballos de fuego y los apartó a los dos, y Elías subió al cielo en un torbellino.

Note amado lector que ni sangre ni carné entrará al cielo, pero esta acción es tipo del rapto de la iglesia, que en el aire seremos transformados al igual que Elías, quién fue transformado en un cuerpo glorificado. Amén.

Aquí finaliza el Ministerio de Elías y comienza el glorioso Ministerio de Eliseo.

La fe de Eliseo para usar el poder que recibió.

2 Reyes 2:14

Y tomando el manto de Elías que se le había caído, golpeó las aguas, y dijo: ¿Dónde está Jehová, el Dios de Elías? Y así que hubo golpeado del mismo modo las aguas, se apartaron a uno y a otro lado, y pasó Eliseo.

Nota: Este es el único pasaje qué Eliseo pregunta por el Dios de Elías.

Eliseo pudo conocer a Dios y pudo entender qué Dios dice que el que me busca me encuentra y ya no era el Dios de Elías sino El Dios de Eliseo, también es el Dios tuyo y el Dios mío.

Y vemos el primer milagro de Eliseo al pasar el Jordán, pero en el capítulo 3 verso 19 vemos el segundo milagro.

Unos hombres ciudad dijeron a Eliseo que la ciudad era buena pero las aguas eran malas.

¿Se ha puesto usted a pensar por qué estos hombres dijeron esto al profeta? ¿Será que ellos sabían que algún poder sobrenatural ya estaba sobre el varón de Dios? Pues claro que sí, fueron muchos los que supieron qué Eliseo pasó en seco. por el Jordán. Estos hombres de la ciudad asumo que pensaron, el Dios que usó este hombre para pasar en Seco puede también sanar las aguas.

El profeta simbólicamente pide una vasija nueva con sal y se la trajeron y saliendo la echó dentro de los manantiales de aguas y dijo: Así ha dicho Jehová: "Yo sane estas aguas y no habrá más en ellas muerte ni enfermedad".

Una de las evidencias grandes de un profeta es que lo que diga será cumplido y dice la Biblia en 2 Reyes 2:22 lo siguiente: Y fueron sanas las aguas hasta hoy, conforme a la palabra que habló Eliseo.

En 2 Reyes 3:9 dice lo siguiente: Salieron Pues el Rey de Israel, el rey de Judá y el rey de Edom y como anduvieron rodeando por el desierto 7 días, les faltó el agua el ejército y para las bestias que lo seguían.

Entonces el Rey de Israel dijo: ¡Ah! Qué ha llamado Jehová a estos tres reyes entregarlos en manos de los moabitas.

Más Josafat dijo: ¿No hay aquí profeta de Jehová, para que consultemos a Jehová medio de él? Y uno de los siervos del Rey de Israel respondió hijo: Aquí está Eliseo hijo de Safat, qué servía a Elías.

El profeta Elíseo realiza milagros

Cuando Eliseo supo que venía El Rey de Israel se indignó y al mismo tiempo le dolió, el que ya tenía mucho tiempo cierto y no procuraron la dirección de Dios, pero en el momento de una dificultad decidieron venir al Dios del cielo, es por eso que Eliseo reprende al Rey de Israel y le dice: ¿Que tengo yo contigo? Vive Jehová de los ejércitos en cuya presencia estoy, que, si no tuvieses respeto al rostro de Josafat, Rey de Judá, te mirará a ti ni te hubiera.

2 Reyes 3: 15 al 20

Mas ahora traedme un tañedor. Y mientras el tañedor tocaba, la mano de Jehová vino sobre Eliseo, quien dijo: Así ha dicho Jehová: Haced en este valle muchos estanques. Porque Jehová ha dicho así: No veréis viento, ni veréis lluvia; pero este valle será lleno de agua, y beberéis vosotros, y vuestras bestias y vuestros ganados. Y esto es cosa ligera en los ojos de Jehová; entregará también a los moabitas en vuestras manos. Y destruiréis toda ciudad fortificada y toda villa hermosa, y talaréis todo buen árbol, cegaréis todas las fuentes de aguas, y destruiréis con piedras toda tierra fértil. Aconteció, pues, que por la mañana, cuando se ofrece el sacrificio, he aquí vinieron aguas por el camino de Edom, y la tierra se llenó de aguas.

El aceite de la viuda

2 Reyes 4: 1-2

Una mujer, de las mujeres de los hijos de los profetas, clamó a Eliseo, diciendo: Tu siervo mi marido ha muerto; y tú sabes que tu siervo era temeroso de Jehová; y ha venido el acreedor para tomarse dos hijos míos por siervos. Y Eliseo le dijo: ¿Qué te haré yo? Declárame qué tienes en casa. Y ella dijo: Tu sierva ninguna cosa tiene en casa, sino una vasija de aceite.

Esta viuda recuerda a Eliseo la fidelidad de su esposo al señor, vemos como los cobradores habían venido para llevar dos de sus hijos como esclavos.

La viuda le aclara al profeta que no tiene otra cosa en casa sino una vasija de aceite.

A pesar de la semejanza de los milagros de Eliseo y Elías, hubo una marcada diferencia en los temperamentos y actitudes en general. Eliseo era diferente, su Don de una doble porción del Espíritu, hizo que llevar a una vida triunfante a medida que se juntaba otra gente. Aún en su lecho de muerte sí a estar lleno de poder y daba órdenes al rey realizó un mayor número de milagros. Qué ningún otro profeta excepto Moisés.

En la descripción de las riquezas de la Tierra una de las cosas mencionadas es una tierra que fluye aceite, entre las bendiciones mencionadas con las que Dios iba a enriquecer a su pueblo obediente se hallaba la de qué su aceite sería multiplicado.

Los milagros durante el Ministerio de Elías y Eliseo eran para sostener oyentes en una lucha implacable contra el avance del paganismo.

Lo único que la viuda tenía era una vasija de aceite, de no haberla tenido, el poder divino la habría provisto, creando lo que no existía, pero al tener eso, le multiplicó lo que tenía, enseñándonos a sacar mejor partido de lo que tenemos. El modo de incrementar lo que tenemos es usarlo. Al que tiene le será dado.

Vemos su vasija como una fuente de agua viva siempre fluyendo y siempre llena.

En estos milagros vemos la cooperación esencial para el éxito.

1. Para sustento en tiempo de necesidad.
2. Para dar Éxito en la batalla.
3. Para fortalecer en el conflicto.
4. Inspira a los hombres a mejorar su condición.
5. Para ocasionar reformas.
6. Para realizar grandes obras.

Ejemplos de provisión abundante dada en tiempo de necesidad

1. Israel en el desierto.

Deuteronomio 2: 7

pues Jehová tu Dios te ha bendecido en toda obra de tus manos; él sabe que andas por este gran desierto; estos cuarenta años Jehová tu Dios ha estado contigo, y nada te ha faltado.

2. Elías en tiempo de hambre.

1 Reyes 17: 6 y 16

v. 6 Y los cuervos le traían pan y carne por la mañana, y pan y carne por la tarde; y bebía del arroyo.

v. 16 Y la harina de la tinaja no escaseó, ni el aceite de la vasija menguó, conforme a la palabra que Jehová había dicho por Elías.

3. Elías en el desierto.

1 Reyes 19:9

Y allí se metió en una cueva, donde pasó la noche. Y vino a él palabra de Jehová, el cual le dijo: ¿Qué haces aquí, Elías?

4. Samaria en tiempo de hambre.

2 Reyes 7: 8

Cuando los leprosos llegaron a la entrada del campamento, entraron en una tienda y comieron y bebieron, y tomaron de allí plata y oro y vestidos, y fueron y lo escondieron; y vueltos, entraron en otra tienda, y de allí también tomaron, y fueron y lo escondieron.

5. La multitud que seguía a Cristo.

Mateo 14:20

Y comieron todos, y se saciaron; y recogieron lo que sobró de los pedazos, doce cestas llenas.

6. A los santos.

Filipenses 4:19

Mi Dios, pues, suplirá todo lo que os falta conforme a sus riquezas en gloria en Cristo Jesús.

Ejemplos de situaciones extremas - debilidad de hombre que se convierte en oportunidad de Dios para ayudarnos.

1. Los discípulos en La tempestad.

2. La mujer del flujo de sangre.

3. El padre del endemoniado.

4. Los discípulos frente a la multitud hambrienta.

2 Reyes 4:3

Él le dijo: Ve y pide para ti vasijas prestadas de todos tus vecinos, vasijas vacías, no pocas.

2 Reyes 4:4

Entra luego, y enciérrate tú y tus hijos; y echa en todas las vasijas, y cuando una esté llena, ponla aparte.

El profeta no quería que nada el Milagro glorioso del aceite.

2 Reyes 4:5

Y se fue la mujer, y cerró la puerta encerrándose ella y sus hijos; y ellos le traían las vasijas, y ella echaba del aceite.

La mujer Confío en la profecía de Eliseo y le enseñó que cuando le creemos al señor todas las vasijas serán llenas.

2 Reyes 4:6

Cuando las vasijas estuvieron llenas, dijo a un hijo suyo: Tráeme aún otras vasijas. Y él dijo: No hay más vasijas. Entonces cesó el aceite.

Vemos como uno de los hijos de la viuda dijo que no había más vasijas y entonces ceso aceite. ¡Qué maravilloso es el Señor!

2 Reyes 4:7

Vino ella luego, y lo contó al varón de Dios, el cual dijo: Ve y vende el aceite, y paga a tus acreedores; y tú y tus hijos vivid de lo que quede.

Ella fue a contar al hombre de Dios cuál le dijo ve y paga lo que debes, así sufrió Dios a la viuda necesidad a través del profeta doble porción: Eliseo.

<u>Cree solamente</u>

Hay quienes creen por lo que ven o por lo que escuchan, pero analizaremos la realidad de las personas que creen. Tomas el discípulo incrédulo dijo 'tengo que ver para creer'. Jesucristo dijo si crees veras. Hay que vivir y creer (**Juan 11: 26**). Jesús dijo 'no te he dicho que si crees veras la gloria de DIOS (**Juan 11: 40**). El creer te garantiza que puedes ver

¿Qué quieres ver a través del poder de creer?

- Veras visiones gigantes
- Veras tus sueños realizados
- Veras las puertas abiertas
- Veras montañas espirituales moverse

- Veras cosas grandiosa y grandes éxitos en el poder de la palabra
- Alcanzaras lo inalcanzable y lograras lo que se le decía imposible, solo un poco de fe para creer.

La Biblia dice que había un hombre ciego que creyó en que podía ver y siguió instrucciones paso a paso lo que le dijo Jesús. Se lavó en un estanque y fue sanó. Cuando lo supieron personas religiosas no se alegraron solo murmuraron y lo sacaron del lugar de adoración, pero Jesús lo encontró. Si te encuentras defraudado, triste, angustiado, desanimado, lea **Juan 9:35**. Pero al Jesús encontrarlo le preguntó 'crees en el hijo de DIOS'. La pregunta es ¿todavía crees tú en DIOS? Abraham creyó a DIOS Y LE FUE CONTADO POR JUSTICIA (**Genesis 15:16**).

En el libro de Éxodo 4: 3 el pueblo creyó que DIOS lo había visitado. La Biblia dice 'bienaventurada la que creyó porque se cumplirá lo que fue dicho de parte del Señor'.

Cuando hay fe sucede esto que dice **Romanos 4: 17:**

(como está escrito: Te he puesto por padre de muchas gentes delante de Dios, a quien creyó, el cual da vida a los muertos, y llama las cosas que no son, como si fuesen.

Este pasaje está hablando de Abraham y la biblia dice en Romanos 4: 18 'de esperanza contra esperanza para llegar a ser padre de multitudes'.

Solo un poco de fe según **Hebreos 11:1**

Es pues la fe la certeza de lo que se espera convicción de lo que no se ve.

Crees en la palabra de acción a tu favor y recibe lo que anhelas y tu peticiones y anhelos, los veras hecho realidad. Solamente tienes que creer.

Saltando, orando y alabando

Los judíos devotos acostumbraban a orar 3 veces al día. En la mañana, a las tres de la tarde y a la puesta del sol. Pedro y Juan venían a orar; note que dice ellos no salían de orar, sino que ellos venían a orar. Cuando usted es una persona de oración no hay barreras.

No hay milagros grandes ni pequeños. Ese día Pedro y Juan encontraron un problema frente al templo. Vieron a un hombre enfermo frente al templo que se llamaba La Hermosa. Qué pena que en lugares hermosos haya gente triste, solos, enfermos, deprimidos, destruidos y sin una mano amiga. Este hombre que pedía limosna era cojo de nacimiento, había nacido así, estaba así de por vida.

Quiero que sepa que en la lógica humana el que sale de un ayuno y de largas horas de oración, es el que está en un peso de gloria, pero estos discípulos de Jesús sabían que Jesús oraba siempre, ellos ya habían orado al llegar al templo. El cojo estaba en un lugar donde lo veían la gente que venían a adorar y a orar y a buscar de DIOS. Ponte en un lugar de estrategia, ven al templo donde compartas con gentes de oración, no te desanimes, no te mezcles con gente sin fe y sin esperanza. Pedro y Juan fijando en él los ojos le dijo míranos, no tengo oro ni plata, pero lo que tengo te doy, en el nombre de Jesucristo de Nazaret, levántate y anda.

Tú que estabas sentado, atribulado, opacado, que no sientes a DIOS, que te dañaron, que te apagaron; míranos, óyenos, levántate y anda, camina, alaba, pelea. Glorifica levántate. Pedro lo agarró por la mano derecha y se afirmaron sus pies y sus tobillos. Hay gentes que hay que agarrarlos por una mano para que se afirmen. Hay que sacudirlos y hay que ayudarlo no importa levántate. El cojo empezó a saltar y se puso en pies. Nosotros decimos la palabra tu te pones de pies. El cojo entró con ellos en el templo, saltando, andando y alabando a DIOS. Dice la Biblia que lo reconocieron que era el mendigo que pedía, el que se arrastraba, pero ahora está libre y sano. ¡Amen, gloria sea a DIOS!

Eliseo y la sunamita

2 Reyes 4:8 al 11

Aconteció también que un día pasaba Eliseo por Sunem; y había allí una mujer importante, que le invitaba insistentemente a que comiese; y cuando él pasaba por allí, venía a la casa de ella a comer. Y ella dijo a su marido: He aquí ahora, yo entiendo que éste que siempre pasa por nuestra casa, es varón santo de Dios. Yo te ruego que hagamos un pequeño aposento de paredes, y pongamos allí cama, mesa, silla y candelero, para que cuando él viniere a nosotros, se quede en él. Y aconteció que un día vino él por allí, y se quedó en aquel aposento, y allí durmió.

Vemos la importancia de dar testimonio y de ser un ejemplo, esta mujer yo algo diferente en Eliseo. Ella se dio cuenta este era un hombre de Dios. Hay que dar ejemplo por donde quiera con nuestro caminar. Noté que hay personas que no saben que predican dos o tres veces a la semana con un micrófono, pero los 7 días con su testimonio. Y como dijo alguien, los hechos valen más que las palabras.

Dios da testimonio a esta mujer a cuál le Construye un aposento a Eliseo, y al mismo tiempo le amuebla el lugar. Qué lindo es cuando caemos en Gracia bajo la unción y el favor divino.

2 Reyes 4:13 al 14

Dijo él entonces a Giezi: Dile: He aquí tú has estado solícita por nosotros con todo este esmero; ¿qué quieres que haga por ti? ¿Necesitas que hable por ti al rey, o al general del ejército? Y ella respondió: Yo habito en medio de mi pueblo. Y él dijo: ¿Qué, pues, haremos por ella? Y Giezi respondió: He aquí que ella no tiene hijo, y su marido es viejo.

El profeta se siente bien agradecido y le pregunta a través de Gieze qué quería que hiciera por ella, ahí es cuando el siervo le explica a Eliseo la tristeza de la mujer pues no tenía hijo.

2 Reyes 4:16

Y él le dijo: El año que viene, por este tiempo, abrazarás un hijo. Y ella dijo: No, señor mío, varón de Dios, no hagas burla de tu sierva.

En este versículo vemos como Eliseo profetiza que iba a abrazar a un hijo. Yo recuerdo en el área de new jersey cuando fui recibido y atendido muy bien el joven Alex Colón y su esposa, cuando me iba a despedir como el profeta ¿qué puedo hacer por ustedes? Y entonces me di cuenta de que no tenían hijos y les dije: Dios me revela que para el año próximo abrazar un hijo y así fue; nació un precioso niño, toda la gloria sea para nuestro Dios.

También vemos en este versículo como la mujer momentáneamente duda; estas dudas momentáneas pasan frecuentemente en la vida de los creyentes e impiden y nublan el propósito divino en nuestra vida.

2 Reyes 4:17

Mas la mujer concibió, y dio a luz un hijo el año siguiente, en el tiempo que Eliseo le había dicho.

Al año siguiente mujer vivo resultados de lo que el siervo de había dicho.

2 Reyes 4:18, 19

Y el niño creció. Pero aconteció un día, que vino a su padre, que estaba con los segadores; y dijo a su padre: ¡Ay, mi cabeza, mi cabeza! Y el padre dijo a un criado: Llévalo a su madre.

El niño creció, pero después mucho tiempo un día se quejó diciendo que le dolía la cabeza. Probablemente pudo haber sido una insolación. Cuando fue traído a su madre sentado en sus rodillas murió.

2 Reyes 4:21

Ella entonces subió, y lo puso sobre la cama del varón de Dios, y cerrando la puerta, se salió.

La mujer fue sabia y puso al niño en la cama del varón de Dios, en pocas palabras lo puso a disposición del siervo de Dios confiando en el Dios de los cielos, ella sabía Eliseo era un hombre con poder y unción milagros.

2 Reyes 4:22 y 25

v. 22 Llamando luego a su marido, le dijo: Te ruego que envíes conmigo a alguno de los criados y una de las asnas, para que yo vaya corriendo al varón de Dios, y regrese.

v. 25 Partió, pues, y vino al varón de Dios, al monte Carmelo. Y cuando el varón de Dios la vio de lejos, dijo a su criado Giezi: He aquí la sunamita.

La mujer fue en busca de ayuda primero. Ella cree y luego se mueve en fe, lo más probable es que iba llorando, pero creo que ella pensó que el mismo Dios qué uso a Eliseo para profetizar el nacimiento de su hijo, ese mismo Dios podía resucitarlo.

2 Reyes 4:26, 27

Te ruego que vayas ahora corriendo a recibirla, y le digas: ¿Te va bien a ti? ¿Le va bien a tu marido, y a tu hijo? Y ella dijo: Bien. Luego que llegó a donde estaba el varón de Dios en el monte, se asió de sus pies. Y se acercó Giezi para quitarla; pero el varón de Dios le dijo: Déjala, porque su alma está en amargura, y Jehová me ha encubierto el motivo, y no me lo ha revelado.

Aquí hay algo curioso, el profeta le dice a su siervo que deje que la mujer le cuente qué sucede ya que Dios no le había revelado. Vemos que por más que Dios use a un hombre siempre tenemos limitaciones, de esta forma le mostramos que nosotros dependemos de él.

2 Reyes 4:28, 29

Y ella dijo: ¿Pedí yo hijo a mi señor? ¿No dije yo que no te burlases de mí? Entonces dijo él a Giezi: Ciñe tus lomos, y toma mi báculo en tu mano, y ve; si alguno te encontrare, no lo saludes, y si alguno te saludare, no le respondas; y pondrás mi báculo sobre el rostro del niño.

La mujer se queja sufrimiento y vemos como el varón de Dios envía a su siervo a una misión diciéndole que vaya y toque el rostro del niño con su báculo.

2 Reyes 4:31

El entonces se levantó y la siguió. Y Giezi había ido delante de ellos, y había puesto el báculo sobre el rostro del niño; pero no tenía voz ni sentido, y así se había vuelto para encontrar a Eliseo, y se lo declaró, diciendo: El niño no despierta.

Otra vez vemos el fallo del profeta ya que esto no fue una orden divina sino una ligereza y es por eso que el siervo le dice a Eliseo. Muchas veces Nosotros actuamos con ligereza o por una emoción y en ese momento somos defraudados ya que la palabra dice qué los que son guiados por el espíritu los tales son hijos de Dios, es por eso que tenemos que cuidarnos no importa el tiempo que tengamos en el Ministerio, hay que dejar el señor nos guíe siempre. Eliseo no tenía que delegar poder en nadie por eso Gieze no pudo hacer el milagro.

2 Reyes 4: 32

Y venido Eliseo a la casa, he aquí que el niño estaba muerto tendido sobre su cama.

Venido Eliseo el niño estaba muerto, el profeta comprendió de la mujer y siguió los pasos del profeta Elías su maestro.

2 Reyes 4:33-34

Entrando él entonces, cerró la puerta tras ambos, y oró a Jehová. Después subió y se tendió sobre el niño, poniendo su boca sobre la boca de él, y sus ojos sobre sus ojos, y sus manos sobre las manos suyas; así se tendió sobre él, y el cuerpo del niño entró en calor.

Cerró la puerta y oro, pidió por la vida del pequeño luego se tendió sobre el niño.

2 Reyes 4: 35

Volviéndose luego, se paseó por la casa a una y otra parte, y después subió, y se tendió sobre él nuevamente, y el niño estornudó siete veces, y abrió sus ojos.

Luego se paseó de lado a lado, lo más probable es que el profeta se encontraba conmovido. Vemos este hermoso milagro del Dios del cielo qué premia la fe de los que confían en él.

Hay muerte en la olla

2 Reyes 4: 38 al 41

Milagros en beneficio de los profetas

Eliseo volvió a Gilgal cuando había una grande hambre en la tierra. Y los hijos de los profetas estaban con él, por lo que dijo a su criado: Pon una olla grande, y haz potaje para los hijos de los profetas. Y salió uno al campo a recoger hierbas, y halló una como parra montés, y de ella llenó su falda de calabazas silvestres; y volvió, y las cortó en la olla del potaje, pues no sabía lo que era.

Después sirvió para que comieran los hombres; pero sucedió que comiendo ellos de aquel guisado, gritaron diciendo: ¡Varón de Dios, hay muerte en esa olla! Y no lo pudieron comer. El entonces dijo: Traed harina. Y la esparció en la olla, y dijo: Da de comer a la gente. Y no hubo más mal en la olla.

Por eso es importante orar antes de comer ya que la Biblia dice qué comerán cosas mortíferas y no les dañará, aunque Es importante saber que si hay un aviso de algo envenenado no debemos comerlo, pues escrito está no tentaras al Señor tu Dios. En el verso 41 el profeta cura el veneno de una forma milagrosa.

Colegio tuvo Eliseo por eso y por muchas cosas más, sabemos que este hombre tenía una doble porción.

Es bien importante saber que si decimos que lo alto es bajo y lo bajo alto. Si decimos que todo está bien en medio de tanto pecado, tantas abominaciones, divisiones, pleitos y divisiones. Creo que hay muerte en la olla. Cuando solo hablamos bonito y no hay mensaje del rapto de la iglesia y no hay mensaje de arrepentimiento, ni de pecado, infierno, entonces hay muerte en la olla. Cuando las emisoras no quieren el mensaje de autoridad y no quieren las alabanzas serias y divinas hay muerte en la olla y hay comida contaminada.

En el verso 39, recogieron hiervas sin saber que era. No podemos comer cosas raras sin saber que comemos, aunque otros se lo coman no te lo camas tú. Come palabras y cosas buenas. El misterio es que comieron venenos y no se murieron, pero gritaron; en pocas palabras, antes de que te mueras grita y diles a todos que hay muerte en la olla, que las cosas han cambiados mucho. Cuando no hay crecimiento y hay un gran estancamiento hay muerte en la olla

Eliseo dijo traigan harina, en el verso 41. Esparció la harina como una unción divina y al instante se sanó el contenido de la olla. Cuando se derrama el poder y la harina de la unción se sanan las ollas del veneno ¡Que nuestros hijos reciban el poder de la harina divina y la gloria del Padre Celestial!

La lucha interior

Un caso de lucha interior es el caso de Naamán, veamos lo que nos dice la palabra:

2 Reyes 5: 1

Naamán, general del ejército del rey de Siria, era varón grande delante de su señor, y lo tenía en alta estima, porque por medio de él había dado Jehová salvación a Siria. Era este hombre valeroso en extremo, pero leproso.

Escogimos este tema pensando en el momento que vivía este hombre, en realidad no entendemos el por qué era tan grande en su nación siendo un leproso, ya que estos leprosos eran tenidos cómo inmundos por el pueblo.

Levítico 13:1 al 3

Habló Jehová a Moisés y a Aarón, diciendo: Cuando el hombre tuviere en la piel de su cuerpo hinchazón, o erupción, o mancha blanca, y hubiere en la piel de su cuerpo como llaga de lepra, será traído a Aarón el sacerdote o a uno de sus hijos los sacerdotes. Y el sacerdote mirará la llaga en la piel del cuerpo; si el pelo en la llaga se ha vuelto blanco, y pareciere la llaga más profunda que la piel de la carne, llaga de lepra es; y el sacerdote le reconocerá, y le declarará inmundo.

En pocas palabras vemos qué Naamán podía tener una lucha interior a causa de su lepra, después elogiado por sus compañeros y por el rey se daba cuenta que era un leproso, esto lo más probable es que le ería, pero al ser tan importante en el gobierno nunca hablaba con nadie. Son muchas las personas que tienen una lucha interior.

Este tema es bien delicado ya que la misma palabra dice el significado por sí sola, lucha interior, más bien es cuando la persona guarda algo interior en el silencio, algo que le molesta y nunca ha hablado por temor. Este problema en todos los niveles, sociales, religiosos, políticos, artísticos, profesionales, pobres, ricos y en todas las esferas sociales. Si usted sabe de alguien que tiene este problema que busqué ayuda y orientación.

La persona una lucha interior no se siente feliz, aunque lo quiera demostrar. Vamos a la palabra del señor:

Génesis 15: 1

Después de estas cosas vino la palabra de Jehová a Abram en visión, diciendo: No temas, Abram; yo soy tu escudo, y tu galardón será sobremanera grande.

Vemos como Dios promete a Abraham un hijo, pero su esposa tenía una lucha interior la cual nunca le dicho a nadie. Vemos que después de Dios hablar a su siervo en el capítulo 16 de Génesis:

Génesis 16: 1, 2

Sarai mujer de Abram no le daba hijos; y ella tenía una sierva egipcia, que se llamaba Agar. Dijo entonces Sarai a Abram: Ya ves que Jehová me ha hecho estéril; te ruego, pues, que te llegues a mi sierva; quizá tendré hijos de ella. Y atendió Abram al ruego de Sarai.

Vemos como Sarahí comete una locura, lo más probable es que esta mujer llevaba años callando su dolor ya que era estéril pero siempre callaba, lo cual trajo como consecuencia un terrible problema en el hogar de Abraham.

Génesis 16: 4 al 6

Y él se llegó a Agar, la cual concibió; y cuando vio que había concebido, miraba con desprecio a su señora. Entonces Sarai dijo a Abram: Mi afrenta sea sobre ti; yo te di mi sierva por mujer, y viéndose encinta, me mira con desprecio; juzgue Jehová entre tú y yo. Y respondió Abram a Sarai: He aquí, tu sierva está en tu mano; haz con ella lo que bien te parezca. Y como Sarai la afligía, ella huyó de su presencia.

Vemos los resultados de una lucha interior, pero en los problemas humanos siempre hay alguien que dice presente, aunque para muchas decisiones no se cuenta con él. Dios siempre está presente.

Génesis 16: 9, 10

Y le dijo el ángel de Jehová: Vuélvete a tu señora, y ponte sumisa bajo su mano. Le dijo también el ángel de Jehová: Multiplicaré tanto tu descendencia, que no podrá ser contada a causa de la multitud.

Después de todos los problemas Saraí estaba tan herida interiormente que no le creía a Dios y se rió.

Génesis 18: 12, 13

Se rió, pues, Sara entre sí, diciendo: ¿Después que he envejecido tendré deleite, siendo también mi señor ya viejo? Entonces Jehová dijo a Abraham: ¿Por qué se ha reído Sara diciendo: ¿Será cierto que he de dar a luz siendo ya vieja?

Siempre recuerda qué tienes que creer a Dios y si tienes una lucha interior y aún te ríes de Dios porque crees que tu problema no tiene solución, aquí está la muestra, dios Bendigo a Saraí cuando ella no le creyó a Dios.

Génesis 21: 1 al 3

Visitó Jehová a Sara, como había dicho, e hizo Jehová con Sara como había hablado. Y Sara concibió y dio a Abraham un hijo en su vejez, en el tiempo que Dios le había dicho. Y llamó Abraham el nombre de su hijo que le nació, que le dio a luz Sara, Isaac.

Si tienes una lucha interior y siempre lloras, dios estará ahí para que digas como Sarahí:

Génesis 21: 6

Entonces dijo Sara: Dios me ha hecho reír, y cualquiera que lo oyere, se reirá conmigo.

En **2 Reyes 5: 2 al 4** se encuentra algo muy interesante:

Y de Siria habían salido bandas armadas, y habían llevado cautiva de la tierra de Israel a una muchacha, la cual servía a la mujer de Naamán. Esta dijo a su señora: Si rogase mi señor al profeta que está en Samaria, él lo sanaría de su lepra. Entrando Naamán a su señor, le relató diciendo: Así y así ha dicho una muchacha que es de la tierra de Israel.

Una joven que, aunque era esclava en la casa del General, era libre en Dios y cuándo supo qué Naamán no podía más, ella habló y dijo que conocía en Israel un hombre que Dios usaba. Qué lindo que, aunque está joven no tenía fama, pero tenía a Dios.

Vemos como inmediatamente el rey envía cartas al Rey de Israel, el orgullo humano es así, la joven le dice de un profeta en Israel y este la carta al lugar equivocado. Vemos como el rey se turba y angustiado no sabe qué hacer, ya que los reyes tienen poder terrenal pero no poderes divinos ni para sanar un dolor de cabeza, con este señalamiento no queremos ofender a las autoridades, pero le mostramos que en Dios sólo en Dios está el poder.

2 Reyes 5: 6 al 8

Tomó también cartas para el rey de Israel, que decían así: Cuando lleguen a ti estas cartas, sabe por ellas que yo envío a ti mi siervo Naamán, para que lo sanes de su lepra. Luego que el rey de Israel leyó las cartas, rasgó sus vestidos, y dijo: ¿Soy yo Dios, que mate y dé vida, para que éste envíe a mí a que sane un hombre de su lepra? Considerad ahora, y ved cómo busca ocasión contra mí.

Cuando Eliseo el varón de Dios oyó que el rey de Israel había rasgado sus vestidos, envió a decir al rey: ¿Por qué has rasgado tus vestidos? Venga ahora a mí, y sabrá que hay profeta en Israel.

El profeta se da cuenta de la turbación y le envía a decir al Rey de Israel que se acuerde del servicio que el profeta daba a la nación, por lo cual aprovechó para recordarle a los gobernantes que cuenten con la iglesia y con nuestros servicios.

Envía a decir Eliseo venga ahora a mí y sabrá que hay profeta en Israel.

2 Reyes 5: 9

Y vino Naamán con sus caballos y con su carro, y se paró a las puertas de la casa de Eliseo.

Vemos que Naamán se acerca, pero para su sorpresa Eliseo le Envía un mensajero.

2 Reyes 5: 10

Entonces Eliseo le envió un mensajero, diciendo: Ve y lávate siete veces en el Jordán, y tu carne se te restaurará, y serás limpio.

Naamán se enoja por esto ya que él pensaba en otro tipo de manera, pero hay que entender que Dios hace como quiere.

2 Reyes 5: 12, 13

Abana y Farfar, ríos de Damasco, ¿no son mejores que todas las aguas de Israel? Si me lavare en ellos, ¿no seré también limpio? Y se volvió, y se fue enojado. Mas sus criados se le acercaron y le hablaron diciendo: Padre mío, si el profeta te mandara alguna gran cosa, ¿no la harías? ¿Cuánto más, diciéndote?: Lávate, y serás limpio.

Hay que hacer lo que Dios nos indica, aunque no le agradé a la carne, pero cuando se va el orgullo de nuestra vida viene la victoria y la sanación.

2 Reyes 5: 14 al 19

El entonces descendió, y se zambulló siete veces en el Jordán, conforme a la palabra del varón de Dios; y su carne se volvió como la carne de un niño, y quedó limpio. Y volvió al varón de Dios, él y toda su compañía, y se puso delante de él, y dijo: He aquí ahora conozco que no hay Dios en toda la tierra, sino en Israel. Te ruego que recibas algún presente de tu siervo. Mas él dijo: Vive Jehová, en cuya presencia estoy, que no lo aceptaré. Y le instaba que aceptara alguna cosa, pero él no quiso. Entonces Naamán dijo: Te ruego, pues, ¿de esta tierra no se dará a tu siervo la carga de un par de mulas? Porque de aquí en adelante tu siervo no sacrificará holocausto ni ofrecerá sacrificio a otros dioses, sino a Jehová. En esto perdone Jehová a tu siervo: que cuando mi señor el rey entrare en el templo de Rimón para adorar en él, y se apoyare sobre mi brazo, si yo también me inclinare en el templo de Rimón; cuando haga tal, Jehová perdone en esto a tu siervo. Y él le dijo: Ve en paz. Se fue, pues, y caminó como media legua de tierra.

Quiero decirte quién es una lucha interior yo conozco a que te quiere ayudar, ayudó a Naamán, a Sara, a agar y también te quiere ayudar a ti.

El disfraz

Las dos entidades

2 Reyes 5: 20

Entonces Giezi, criado de Eliseo el varón de Dios, dijo entre sí: He aquí mi señor estorbó a este sirio Naamán, no tomando de su mano las cosas que había traído. Vive Jehová, que correré yo tras él y tomaré de él alguna cosa.

Vemos como Gieze quiere engañar al hombre de Dios, qué tristeza que este hombre se perdiera al lado de Eliseo. Son muchos los que ocultan su verdadera identidad por eso se encuentran enfermos y llenos de lepra por su pecado. Algunos mienten.

2 Reyes 5: 21 al 24

Y siguió Giezi a Naamán; y cuando vio Naamán que venía corriendo tras él, se bajó del carro para recibirle, y dijo: ¿Va todo bien? Y él dijo: Bien. Mi señor me envía a decirte: He aquí vinieron a mí en esta hora del monte de Efraín dos jóvenes de los hijos de los profetas; te ruego que les des un talento de plata, y dos vestidos nuevos. Dijo Naamán: Te ruego que tomes dos talentos. Y le insistió, y ató dos talentos de plata en dos bolsas, y dos vestidos nuevos, y lo puso todo a cuestas a dos de sus criados para que lo llevasen delante de él. Y así que llegó a un lugar secreto, él lo tomó de mano de ellos, y lo guardó en la casa; luego mandó a los hombres que se fuesen.

Luego dice como si nada hubiera sucedido.

2 Reyes 5: 25

Y él entró, y se puso delante de su señor. Y Eliseo le dijo: ¿De dónde vienes, Giezi? Y él dijo: Tu siervo no ha ido a ninguna parte.

Pero qué lindo es el señor pues no hay nada oculto que no salga a la luz. Eliseo pudo ver espíritu la acción de Gieze y lo reprendió dos Reyes.

2 Reyes 5: 26, 27

El entonces le dijo: ¿No estaba también allí mi corazón, cuando el hombre volvió de su carro a recibirte? ¿Es tiempo de tomar plata, y de tomar vestidos, olivares, viñas, ovejas, bueyes, siervos y siervas? Por tanto, la lepra de Naamán se te pegará a ti y a tu descendencia para siempre. Y salió de delante de él leproso, blanco como la nieve.

Vemos como muchos quieren engañar a los hombres de Dios usando dos identidades y si es posible se disfrazan. Veamos algunos casos de qué se disfrazaron en la Biblia.

Génesis 3:8

Y oyeron la voz de Jehová Dios que se paseaba en el huerto, al aire del día; y el hombre y su mujer se escondieron de la presencia de Jehová Dios entre los árboles del huerto.

Vemos que cuando el hombre o la mujer peca no pueden estar frente a la presencia divina de Dios, pero si usted peca o está en pecado oculto, tiene dos identidades, en un momento dado será descubierto porque si usted encubre su pecado prosperará.

Proverbios 28: 13

El que encubre sus pecados no prosperará; Mas el que los confiesa y se aparta alcanzará misericordia.

Vemos que la causa de que perdiera la batalla Israel fue por un pecado grave oculto de un hombre que no sólo pecó, sino que permaneció callado en su pecado y por causa del anatema Israel perdió la batalla.

Josué 6: 21

Y destruyeron a filo de espada todo lo que en la ciudad había; hombres y mujeres, jóvenes y viejos, hasta los bueyes, las ovejas, y los asnos.

La bendición grande de un hombre o un es cuando puede entender su propio error.

Salmo 9: 12

Porque el que demanda la sangre se acordó de ellos; no se olvidó del clamor de los afligidos.

Uno de los hombres hizo mucho más amplio su disfraz fue Saúl.

1 Samuel 28: 8

Y se disfrazó Saúl, y se puso otros vestidos, y se fue con dos hombres, y vinieron a aquella mujer de noche; y él dijo: Yo te ruego que me adivines por el espíritu de adivinación, y me hagas subir a quien yo te dijere.

Este quiso consultarle lo cual es una abominación a Jehová y para que no lo conocieran se disfrazó. Vemos El engaño del disfraz tenía engañada aun a la pitonisa pudo saber que era Saúl, pero donde los esconderemos del Dios soberano.

Isaías 29:15

¡Ay de los que se esconden de Jehová, encubriendo el consejo, y sus obras están en tinieblas, y dicen: ¿Quién nos ve, y quién nos conoce?!

Es importante saber cómo Dios todo lo ve, aún nuestros pensamientos, nada se puede ocultar de nuestro Dios.

Lucas 12: 2

Porque nada hay encubierto, que no haya de descubrirse; ni oculto, que no haya de saberse.

Otro caso de disfraz:

1 Reyes 14: 1 al 3

En aquel tiempo Abías hijo de Jeroboam cayó enfermo. Y dijo Jeroboam a su mujer: Levántate ahora y disfrázate, para que no te conozcan que eres la mujer de Jeroboam, y ve a Silo; porque allá está el profeta Ahías, el que me dijo que yo había de ser rey sobre este pueblo. Y toma en tu mano diez panes, y tortas, y una vasija de miel, y ve a él, para que te declare lo que ha de ser de este niño.

Jeroboam sabía que estaba mal con Dios a causa de la idolatría y no pudo el consultar a Jehová por su abominación, enviando entonces a su mujer, pero le pidió que se disfrazara para que nadie le conociera, entonces fueron a hablar con el anciano profeta Ahías, este ya estaba ciego y no podía ver.

1 Reyes 14: 4, 5

Y la mujer de Jeroboam lo hizo así; y se levantó y fue a Silo, y vino a casa de Ahías. Y ya no podía ver Ahías, porque sus ojos se habían oscurecido a causa de su vejez. Mas Jehová había dicho a Ahías: He aquí que la mujer de Jeroboam vendrá a consultarte por su hijo, que está enfermo; así y así le responderás, pues cuando ella viniere, vendrá disfrazada.

El ojo de Dios todo lo ve, todo lo escudriña y todo lo sabe, no hay nada para difícil para él. Entrando la esposa de Jeroboán, ya había quedado descubierto por el profeta dice: ¿Por qué te finges otra?

1 Reyes 14: 6

Cuando Ahías oyó el sonido de sus pies, al entrar ella por la puerta, dijo: Entra, mujer de Jeroboam. ¿Por qué te finges otra? He aquí yo soy enviado a ti con revelación dura.

Esta es la gran pregunta: ¿Por qué finges? Dios quiere personas sinceras pero el mayor problema es la doble identidad y el doble comportamiento que tienen muchas personas, es por eso que se detuvo el fluir de la gloria de Jehová, porque sólo hay un fingimiento de poder, pero no hay nada de corazón. Hoy en día Muchas personas no son felices porque tienen otra personalidad y aún hay personas heridas que no se humillan, porque finge lo que no son, recuerda que debes venir al señor tal y como eres, debe ser sincero con Dios y decirle en realidad tienes. Si tienes cinco panes y dos peces no aparentes tener más, eso es lo que tienes, aunque alguien tenga más, tú solo tienes cinco panes peces, pero en las manos del Señor viene a ser muchísimo.

Una de las confusiones más grandes es ver un cristiano endemoniado un líder, pero esto casi siempre sucede cuando hay 2 identidades. Recuerdo en Venezuela, específicamente en Acarigua, todo iba bien en la Cruzada hasta una noche que comenzaron a caer personas endemoniadas, caían jóvenes, caballeros y damas, en la manifestación del Espíritu eran libres las almas del poder del enemigo pero después de la campaña los pastores me preguntaron en una reunión por qué algunos cristianos habían caído endemoniados y me dijeron que no se suponía y les contesté que el apóstol Pablo dijo por el Espíritu Santo no se le podía dar lugar al diablo. Cuando un creyente da lugar al diablo puede caer no sólo endemoniado sino también de la gracia de Dios. Las personas pecan en oculto, kayak y siguen participando en la iglesia cómo que no pasara nada, son un blanco de Satanás, no importa si son pastores, evangelistas o líderes, si no confiesa su pecado nunca prosperará en el señor. David decía: "Mientras calle se envejecieron mis huesos," sé libre y habla del problema, quítate el disfraz ahora mismo en el nombre de Jesús

En los altos niveles sociales usa el disfraz.

1 Reyes 22: 30

Y el rey de Israel dijo a Josafat: Yo me disfrazaré, y entraré en la batalla; y tú ponte tus vestidos. Y el rey de Israel se disfrazó, y entró en la batalla.

Es ahora el Rey de Israel el que se disfraza, a menudo tenemos grandes líderes que creen gozar de felicidad, aún en las altas escalas del gobierno hay personas que por su alta posición en la sociedad creen que no serán atacados por actos de inmoralidad, pues sí no tienen una protección divina no importa su capacidad, serán atacados. Esto no quiere decir que haya gentes fieles y serias en el gobierno. También están las personas disfrazadas juego son unos Esclavos del licor y aún de los vicios, ya que el hombre sin Dios es un blanco fácil del enemigo. Aquí vemos 2 Reyes, uno disfrazado y el otro natural, el Rey de Israel Acab se encontraba disfrazado, mientras Josafat no. ¿Cuál fue el resultado? Una flecha a la aventura de alguien alcanzó al rey Acab y su disfraz, mientras que el rey

Josafat salió ileso, porque le temía a Dios. Hay que recordar lo que dijo un en Babilonia;

Daniel 4: 37

Ahora yo Nabucodonosor alabo, engrandezco y glorifico al Rey del cielo, porque todas sus obras son verdaderas, y sus caminos justos; y él puede humillar a los que andan con soberbia.

Y también hubo otro rey.

Daniel 6: 26

De parte mía es puesta esta ordenanza: Que en todo el dominio de mi reino todos teman y tiemblen ante la presencia del Dios de Daniel; porque él es el Dios viviente y permanece por todos los siglos, y su reino no será jamás destruido, y su dominio perdurará hasta el fin.

Los reyes de la Tierra reconocen el reinado y él gobierno de Dios, aunque ellos están capacitados y no negar ni dudar de su intelectualidad, pero si hay que reconocer que necesitamos de un guía divino y de una luz ayude en un mundo de confusión y de neblina.

Para todos aquellos funcionarios con o sin problemas en esta tierra sólo recuerde que por encima de todo el Dios soberano.

Daniel 4: 36, 37

En el mismo tiempo mi razón me fue devuelta, y la majestad de mi reino, mi dignidad y mi grandeza volvieron a mí, y mis gobernadores y mis consejeros me buscaron; y fui restablecido en mi reino, y mayor grandeza me fue añadida. Ahora yo Nabucodonosor alabo, engrandezco y glorifico al Rey del cielo, porque todas sus obras son verdaderas, y sus caminos justos; y él puede humillar a los que andan con soberbia.

En Los Reyes y gobernantes vemos que cada persona tiene y puede hacer lo que quiera con su vida, pero en la hora de crisis o de enfermedad, ¿qué debemos hacer? Hubo un rey que se enfermó, pero quizás su orgullo y su gloria no le permitían hablar con Dios, por eso envío a hablar con sus dioses.

2 Reyes 1: 2

Y Ocozías cayó por la ventana de una sala de la casa que tenía en Samaria; y estando enfermo, envió mensajeros, y les dijo: Id y consultad a Baal-zebub dios de Ecrón, si he de sanar de esta mi enfermedad.

Vemos que el rey Ocozías se encuentra preocupado por su enfermedad. No importa la posición social, a todos les preocupa la muerte por más orgullo y grandeza que sienta hombre en el momento qué se le dice que tiene una enfermedad incurable o que va a morir, todos se preocupan. Ocozías Cómo era un rey poderoso envío a consultar a Baal-zebud.

Note que la grandeza de este hombre no le permitía hablar con el Dios poderoso y tampoco llamar al profeta de Dios. Es el caso de personas que aún en su lecho de muerte su orgullo no le permite hablar con Dios, pero a le sucedió algo Ocozías que no queremos que te suceda a ti.

2 Reyes 1:3

Entonces el ángel de Jehová habló a Elías tisbita, diciendo: Levántate, y sube a encontrarte con los mensajeros del rey de Samaria, y diles: ¿No hay Dios en Israel, que vais a consultar a Baal-zebub dios de Ecrón?

A Dios le duele que tú siendo su creación te postres ante otros dioses paganos, es por esa esa causa que él te pregunta: ¿Acaso no hay Dios que vas a consultar a los ídolos? Y por esto la sentencia de Elías fue la muerte del Rey.

2 Reyes 1: 16 al 18

Y le dijo: Así ha dicho Jehová: Por cuanto enviaste mensajeros a consultar a Baal-zebub dios de Ecrón, ¿no hay Dios en Israel para consultar en su palabra? No te levantarás, por tanto, del lecho en que estás, sino que de cierto morirás. Y murió conforme a la palabra de Jehová, que había hablado Elías. Reinó en su lugar Joram, en el segundo año de Joram hijo de Josafat, rey de Judá; porque Ocozías no tenía hijo. Los demás hechos de Ocozías, ¿no están escritos en el libro de las crónicas de los reyes de Israel?

Qué triste cuando un rey tan poderoso y sabio no reconoce al dador de la vida y en vez de humillarse ante Dios Busca a los ídolos. (Salmo 115: 4 al 8).

Dios es poderoso más que los ídolos, pero él es caballeroso y si le buscas lo encontrarás como dice la palabra en Isaías:

Isaías 55: 6

Buscad a Jehová mientras puede ser hallado, llamadle en tanto que está cercano.

También hubo otro rey que se enfermó, pero éste fue sabio y habló con Dios.

Isaías 38: 1, 2

En aquellos días Ezequías enfermó de muerte. Y vino a él el profeta Isaías hijo de Amoz, y le dijo: Jehová dice así: Ordena tu casa, porque morirás, y no vivirás. Entonces volvió Ezequías su rostro a la pared, e hizo oración a Jehová...

Vemos que cuando un hombre se humilla Dios lo bendice, a diferencia de Ocozías, el rey Ezequías consultó a Jehová y por esto Dios lo bendijo y le restauró la salud.

Isaías 38: 3 al 5

y dijo: Oh Jehová, te ruego que te acuerdes ahora que he andado delante de ti en verdad y con íntegro corazón, y que he hecho lo que ha sido agradable delante de tus ojos. Y lloró Ezequías con gran lloro. Entonces vino palabra de Jehová a Isaías, diciendo: Ve y di a Ezequías: Jehová Dios de David tu padre dice así: He oído tu oración, y visto tus lágrimas; he aquí que yo añado a tus días quince años.

Es importante saber que el hombre tiene libertad de escoger y no se puede negar que el hombre va un día a morir, pero si te digo que hay un Dios que en los momentos más difíciles te quiere ayudar, no importa cuál sea tu carga o tu problema, para todo momento difícil el Dios poderoso tiene una salida.

En el siguiente pasaje vemos la astucia de los Gabaonitas.

Josué 9: 2 al 5

se concertaron para pelear contra Josué e Israel. Mas los moradores de Gabaón, cuando oyeron lo que Josué había hecho a Jericó y a Hai, usaron de astucia; pues fueron y se fingieron embajadores, y tomaron sacos viejos sobre sus asnos, y cueros viejos de vino, rotos y remendados, y zapatos viejos y recosidos en sus pies, con vestidos viejos sobre sí; y todo el pan que traían para el camino era seco y mohoso.

La astucia de esta gente de Gabaón cuando intentaron engañar a Josué y son muchas las personas que ha no nacido de nuevo qué quieren engañar a los hombres de Dios. Hoy en día a las personas de renombre que se convierten rápido sin consultar a Dios, le ponen un micrófono en las manos, pero qué triste es cuando se dan cuenta de la realidad de que esa persona no ha nacido de nuevo. Aquí Josué cuando abrió sus ojos ya era tarde.

Josué 9: 6, 7

Y vinieron a Josué al campamento en Gilgal, y le dijeron a él y a los de Israel: Nosotros venimos de tierra muy lejana; haced, pues, ahora alianza con nosotros. Y los de Israel respondieron a los heveos: Quizá habitáis en medio de nosotros. ¿Cómo, pues, podremos hacer alianza con vosotros?

Vemos que luego que entra Josué hace un juramento con ellos.

Josué 9: 14, 15

Y los hombres de Israel tomaron de las provisiones de ellos, y no consultaron a Jehová. Y Josué hizo paz con ellos, y celebró con ellos alianza concediéndoles la vida; y también lo juraron los príncipes de la congregación.

Qué triste cuando la visión se opaca. Luego Josué se da cuenta de su error, pero ya era tarde.

Josué 9: 16

Pasados tres días después que hicieron alianza con ellos, oyeron que eran sus vecinos, y que habitaban en medio de ellos.

Hay que consultar a Dios para todo antes que sea tarde, no importa quién sea la persona, hay que darle tiempo a crecer.

Recuerdo siempre el caso de un hombre qué decía que era evangelista. En una ocasión comenzamos a orar, yo callé, pero cuando estaba el hermano solo con nosotros le dije qué ya Dios me había revelado quién era el, y él me contestó que como lo supe, pues él siempre había orado ayunado engañando a todos, y yo rápidamente le contesté: "Pero a Dios no".

Son muchos los que fingen ser siervos o varones de Dios, pero son amadores de sí mismo y hasta inmorales. También recuerdo con exactitud un varón que me invitó a su casa, luego me aconsejó y me dijo: Tengo mi agenda llena; rápidamente cuando yo cerré mis ojos por el Espíritu le vi en un acto inmoral.

Hay un caso en la Biblia de un hombre que creía tener el gran poder de Dios:

Hechos 8: 9

Pero había un hombre llamado Simón, que antes ejercía la magia en aquella ciudad, y había engañado a la gente de Samaria, haciéndose pasar por algún grande.

Vemos que cuando entra el poder de Dios a samaria, el Mago ve en él ministerio de Felipe un negocio, pero en la Biblia dice bien claro que simón creyó.

Hechos 8: 13

También creyó Simón mismo, y habiéndose bautizado, estaba siempre con Felipe; y viendo las señales y grandes milagros que se hacían, estaba atónito.

Este hombre, pero no había nacido de nuevo; asimismo hay miles y miles qué dicen creer a Dios, pero todavía no han nacido de nuevo y están lejos del Señor.

Simone estaba siempre con Felipe y siempre estaba atónito, pero todos los ministerios son iguales. Llegó Pedro a samaria y Juan, dos ministerios de bautismo y liberación.

Hechos 8: 14, 15

Cuando los apóstoles que estaban en Jerusalén oyeron que Samaria había recibido la palabra de Dios, enviaron allá a Pedro y a Juan; los cuales, habiendo venido, oraron por ellos para que recibiesen el Espíritu Santo...

Cuando Simón el mago de que esta gente tiene cierto poder, les ofreció dinero.

Hechos 8: 19 al 24

diciendo: Dadme también a mí este poder, para que cualquiera a quien yo impusiere las manos reciba el Espíritu Santo. Entonces Pedro le dijo: Tu dinero perezca contigo, porque has pensado que el don de Dios se obtiene con dinero. No tienes tú parte ni suerte en este asunto, porque tu corazón no es recto delante de Dios. Arrepiéntete, pues, de esta tu maldad, y ruega a Dios, si quizá te sea perdonado el pensamiento de tu corazón; porque en hiel de amargura y en prisión de maldad veo que estás. Respondiendo entonces Simón, dijo: Rogad vosotros por mí al Señor, para que nada de esto que habéis dicho venga sobre mí.

Amado en Cristo estamos en tiempos malos grosos, si tienes algo que a Dios no le agrada, por favor se sinceró con Dios, quítate el disfraz, despójate de esa vieja y Dios tendrá de ti misericordia hoy y siempre. Se fiel a Dios y el será amplio en bendecirte.

Ministerios grandes que mueren

2 Crónicas 35: 20

Después de todas estas cosas, luego de haber reparado Josías la casa de Jehová, Necao rey de Egipto subió para hacer guerra en Carquemis junto al Eufrates; y salió Josías contra él.

No estamos en la triste historia de un varón muy ungido por Dios que aún desde su infancia agradó a Jehová: Su nombre es Josías.

Qué triste es cuando el hombre de Dios pierde la visión y ya no es igual, la mayoría de los problemas de hoy envía que muchos de los ministerios han cambiado y no lo reconocen. Algunos por sus múltiples compromisos han sido modificados han dejado de orar y ayunar, y todavía se creen los mismos del principio, pero lamentablemente cuando no se reconoce realidad, ya dejamos de ser los mismos.

Este Guerrero de Dios ya había perdido la visión y cuando se pierde la visión uno se opone al mismo Dios sin darse cuenta.

2 Crónicas 35: 21

Y Necao le envió mensajeros, diciendo: ¿Qué tengo yo contigo, rey de Judá? Yo no vengo contra ti hoy, sino contra la casa que me hace guerra; y Dios me ha dicho que me apresure. Deja de oponerte a Dios, quien está conmigo, no sea que él te destruya.

Ya no obedecemos a Dios, sino que implantamos nuestras propias normas nuestras propias creencias, no obedeciendo al Espíritu, muchas veces lo que era del espíritu lo hemos cambiado y hablamos lo nuestro, mas no lo de Dios.

Amado en Cristo si usted es uno de los que ya cambió le digo en el nombre de Jesús que ya es tiempo de comenzar de nuevo y Volver al poder, a la dirección del espíritu.

Vemos que, aunque Necao le habló a Josías de que no se opusiera al hombre de Dios, no obedeció, sino que se disfrazó.

2 Crónicas 35: 22

Mas Josías no se retiró, sino que se disfrazó para darle batalla, y no atendió a las palabras de Necao, que eran de boca de Dios; y vino a darle batalla en el campo de Meguido.

Josías quería darle batalla al hombre que Dios estaba usando, esa es la causa por la cual hay diferencias en los ministerios. Cuando se pierde la visión los hombres de Dios se dan batalla unos a los otros, pero Cristo quiere la unidad y no la división.

2 Crónicas 35: 23

Y los flecheros tiraron contra el rey Josías. Entonces dijo el rey a sus siervos: Quitadme de aquí, porque estoy gravemente herido.

Los arqueros tiraron a la ventura y la flecha se dirigió al joven rey Josías, no se parece este final al rey de Israel cuando se disfrazó.

1 Reyes 22: 34

Y un hombre disparó su arco a la ventura e hirió al rey de Israel por entre las junturas de la armadura, por lo que dijo él a su cochero: Da la vuelta, y sácame del campo, pues estoy herido.

Realmente Este no es el fin que Dios tiene para los que confían en él. Vemos a Josías herido en el campo de batalla. Otro problema es que si tú estás herido en el campo de batalla tienes que llamar a Jesús, pues él te ayudará, solamente cree lo.

Luego viene el Lamento del hombre de Dios cuando cae, ya que no se sentía igual pero nunca hablo, siempre tenía en su vida un triste disfraz. Cómo caen los valientes en la batalla. Cuídate hermano y busca la guianza del espíritu de Dios.

Salmo 48: 14

Porque este Dios es Dios nuestro eternamente y para siempre; Él nos guiará aún más allá de la muerte.

Cree solamente en el poder divino y Dios te iluminará.

Lucas 1: 79

Para dar luz a los que habitan en tinieblas y en sombra de muerte; para encaminar nuestros pies por camino de paz.

Recuerda que el espíritu de Dios está siempre como guía en el camino.

Juan 16: 13

Pero cuando venga el Espíritu de verdad, él os guiará a toda la verdad; porque no hablará por su propia cuenta, sino que hablará todo lo que oyere, y os hará saber las cosas que habrán de venir.

La incredulidad

A esta palabra de incredulidad vamos a llamarle "la Barrera que impide la unción y el propósito divino la vida del hombre". Se supone que nadie que confiese a Cristo sea incrédulo, aunque tenga duda.

Vea el tema duda o duda momentánea.

Ningún creyente debe ser incrédulo. Esta Barrera no deja que el propósito divino se cumpla.

Veamos algunas de las personas incrédulas en la Palabra.

Génesis 19: 14

Entonces salió Lot y habló a sus yernos, los que habían de tomar sus hijas, y les dijo: Levantaos, salid de este lugar; porque Jehová va a destruir esta ciudad. Mas pareció a sus yernos como que se burlaba.

Vemos que cuando Dios quiso destruir a Sodoma y Gomorra, los yernos de Lot no quisieron salir de la ciudad, o sea, no creyeron a Dios, pues eran incrédulos y por esto vino juicio sobre ellos.

Una persona con esta presión no le cree a Dios, ya que sobre él o ella está la atadura de la incredulidad.

Los baalistas no creían a Dios ya que su fe estaba puesta en el dios del sol, pero cuando hay mucha incredulidad alguien le cree al Dios soberano.

2 Reyes 6: 1 al 4

Los hijos de los profetas dijeron a Eliseo: He aquí, el lugar en que moramos contigo nos es estrecho. Vamos ahora al Jordán, y tomemos de allí cada uno una viga, y hagamos allí lugar en que habitemos. Y él dijo: Andad. Y dijo uno: Te rogamos que vengas con tus siervos. Y él respondió: Yo iré. Se fue, pues, con ellos; y cuando llegaron al Jordán, cortaron la madera.

La mayor herencia para nuestros hijos. Nosotros como padres queremos lo mejor para nuestros hijos verlos crecer, triunfar, ser alguien en la vida y que realicen sus sueños. Pero puedes que en el caminar de la vida se encuentren con una mala amistad, un mal consejo, dañen su futuro en una relación equivocada o en un mal ambiente de amistades incorrectas. En ocasiones nosotros nos culpamos y nos sentimos mal, pero debemos tener en mente que usted no le enseño ese comportamiento si ese estilo de vida solo es que decidió esa forma de vida, pero solo es cuestión de un mal momento. En pocas palabras mezclemos la educación con los buenos consejos, con temor de Dios, buenos consejos y valores morales poderosos.

En este pasaje bíblico, los hijos de los profetas estaban rodeando a Eliseo. Es bueno que nuestros hijos se mezclen con buenas amistades y buenos amigos. Es importante esta palabra porque en ocasiones usted quiere un lugar grande para ellos, con el suyo vacío

En los versos 1 y 2, ellos deciden buscar material de construcción para el crecimiento de la obra (hay que trabajar no solamente hablar).

Vemos como Eliseo decide ir con ellos y mientras trabajaban, está valiosa hacha cae al agua y al momento gritan qué era prestada, el costo instrumento cómo esté en la antigüedad era bastante, ellos acuden al hombre de poder Eliseo, quizás no esperando un milagro sino un consuelo, pero qué sorpresa para ellos, veamos porque:

2 Reyes 6: 6, 7

El varón de Dios preguntó: ¿Dónde cayó? Y él le mostró el lugar. Entonces cortó él un palo, y lo echó allí; e hizo flotar el hierro. Y dijo: Tómalo. Y él extendió la mano, y lo tomó.

¡Qué gran milagro! Noté como la Biblia dice claramente qué hizo flotar el hierro, pues para la ciencia es algo realmente imposible pero qué grandioso maravilloso que para nuestro Dios no es imposible, cuando termina la ciencia, ahí comienza Dios.

Recuerdo en una Cruzada que dimos en República Dominicana, específicamente en un lugar llamado Samaná, la Cruzada iba a ser en la ciudad, pero fui con un grupo del ministerio a visitar el campo, allí no había energía eléctrica y no había muchos alimentos. En esa pasión yo andaba cómo con 15 personas de Puerto Rico. De pronto escuchamos a alguien que gritaba: ¡Se muere el cerdo! Yo le pregunté qué sucedía y me dijeron: Se muere nuestro cerdo y lo estábamos alimentando venderlo y no tenemos nada más. Yo pregunté dónde se encontraba y fui con unos hermanos del ministerio y cuando llegamos el cerdo estaba botando espuma por su boca y se estaba ahogando, yo oré como el profeta Elíseo y esperé el milagro, de pronto el cerdo tosió y cayó al suelo. Tenía una cabeza de pollo atorada en la garganta, por eso no podía respirar. Todos dieron gloria a Dios, por lo tanto, vemos qué todas las cosas Dios las hace un propósito, por eso Eliseo hizo que el hacha flotara y le dijo tómala porque Dios tiene poder.

2 Reyes 6: 8 al 11

Tenía el rey de Siria guerra contra Israel, y consultando con sus siervos, dijo: En tal y tal lugar estará mi campamento. Y el varón de Dios envió a decir al rey de Israel: Mira que no pases por tal lugar, porque los sirios van allí. Entonces el rey de Israel envió a aquel lugar que el varón de Dios había dicho; y así lo hizo una y otra vez con el fin de cuidarse. Y el corazón del rey de Siria se turbó por esto; y llamando a sus siervos, les dijo: ¿No me declararéis vosotros quién de los nuestros es del rey de Israel?

En estos versos tenemos una muestra de algo sobrenatural, un don divino que Dios había obsequiado a su siervo, una mezcla de más de un don, el profeta puede ver y oír a distancia las conversaciones de los enemigos y al mismo tiempo puede saber dónde van a pelear contra Israel. Qué maravilloso es el señor. Vemos como el rey de Siria se turbo, no era para menos, estaba tan turbado que cree que en su reino hay un espía, pero lejos estaba de su mente que Dios le revelaba todo a un hombre humilde pero poderoso llamado Eliseo.

2 Reyes 6: 12, 13

Entonces uno de los siervos dijo: No, rey señor mío, sino que el profeta Eliseo está en Israel, el cual declara al rey de Israel las palabras que tú hablas en tu cámara más secreta. Y él dijo: Id, y mirad dónde está, para que yo envíe a prenderlo. Y le fue dicho: He aquí que él está en Dotán.

El rey envía a buscar a Eliseo, pero estaba atemorizado y envía un gran ejército armado en busca de un solo hombre. Gloria a Dios que aún el enemigo reconoce el poder de algo sobrenatural.

2 Reyes 6: 15, 16

Y se levantó de mañana y salió el que servía al varón de Dios, y he aquí el ejército que tenía sitiada la ciudad, con gente de a caballo y carros. Entonces su criado le dijo: ¡Ah, señor mío! ¿qué haremos? Él le dijo: No tengas miedo, porque más son los que están con nosotros que los que están con ellos.

Más Eliseo ora a Dios qué le abra los ojos al siervo:

2 Reyes 6: 17

Y oró Eliseo, y dijo: Te ruego, oh Jehová, que abras sus ojos para que vea. Entonces Jehová abrió los ojos del criado, y miró; y he aquí que el monte estaba lleno de gente de a caballo, y de carros de fuego alrededor de Eliseo.

Este momento es de Gran importancia para que el pueblo reconozca qué más son los que están con nosotros que los que están en el mundo y que Dios tiene ángeles que velan por nosotros siempre, y que por encima de la incredulidad Dios honra a sus profetas.

2 Reyes 6: 18 al 20

Y luego que los sirios descendieron a él, oró Eliseo a Jehová, y dijo: Te ruego que hieras con ceguera a esta gente. Y los hirió con ceguera, conforme a la petición de Eliseo. Después les dijo Eliseo: No es este el camino, ni es esta la ciudad; seguidme, y yo os guiaré al hombre que buscáis. Y los guió a Samaria. Y cuando llegaron a

Samaria, dijo Eliseo: Jehová, abre los ojos de éstos, para que vean. Y Jehová abrió sus ojos, y miraron, y se hallaban en medio de Samaria.

Qué Gran Victoria para Dios y su siervo Eliseo.

2 Reyes 6: 21 al 23

Cuando el rey de Israel los hubo visto, dijo a Eliseo: ¿Los mataré, padre mío? Él le respondió: No los mates. ¿Matarías tú a los que tomaste cautivos con tu espada y con tu arco? Pon delante de ellos pan y agua, para que coman y beban, y vuelvan a sus señores. Entonces se les preparó una gran comida; y cuando habían comido y bebido, los envió, y ellos se volvieron a su señor. Y nunca más vinieron bandas armadas de Siria a la tierra de Israel.

Por eso decimos una vez más qué de Dios es el poder hoy y siempre.

Vemos otro caso de incredulidad en la crisis que tenía samaria, dios usó con poder en profecía a Eliseo, pero un príncipe sobre cuyo brazo el rey se apoyaba, era tan incrédulo que no creyó en la profecía de Eliseo.

2 Reyes 7: 1, 2

Dijo entonces Eliseo: Oíd palabra de Jehová: Así dijo Jehová: Mañana a estas horas valdrá el seah de flor de harina un siclo, y dos seahs de cebada un siclo, a la puerta de Samaria. Y un príncipe sobre cuyo brazo el rey se apoyaba, respondió al varón de Dios, y dijo: Si Jehová hiciese ahora ventanas en el cielo, ¿sería esto así? Y él dijo: He aquí tú lo verás con tus ojos, mas no comerás de ello.

Luego de la incredulidad del oficial del Rey vemos el poder de Dios en acción.

2 Reyes 7: 3 al 7

Había a la entrada de la puerta cuatro hombres leprosos, los cuales dijeron el uno al otro: ¿Para qué nos estamos aquí hasta que muramos? Si tratáremos de entrar en la ciudad, por el hambre que hay en la ciudad moriremos en ella; y si nos quedamos aquí, también moriremos. Vamos, pues, ahora, y pasemos al campamento de los sirios; si ellos nos dieren la vida, viviremos; y si nos dieren la muerte, moriremos.

Se levantaron, pues, al anochecer, para ir al campamento de los sirios; y llegando a la entrada del campamento de los sirios, no había allí nadie. Porque Jehová había hecho que en el campamento de los sirios se oyese estruendo de carros, ruido de caballos, y estrépito de gran ejército; y se dijeron unos a otros: He aquí, el rey de Israel ha tomado a sueldo contra nosotros a los reyes de los heteos y a los reyes de los egipcios, para que vengan contra nosotros. Y así se levantaron y huyeron al anochecer, abandonando sus tiendas, sus caballos, sus asnos, y el campamento como estaba; y habían huido para salvar sus vidas.

Hay que compartir las bendiciones otros cómo lo hicieron los leprosos.

2 Reyes 7: 8 al 16

Cuando los leprosos llegaron a la entrada del campamento, entraron en una tienda y comieron y bebieron, y tomaron de allí plata y oro y vestidos, y fueron y lo escondieron; y vueltos, entraron en otra tienda, y de allí también tomaron, y fueron y lo escondieron. Luego se dijeron el uno al otro: No estamos haciendo bien. Hoy es día de buena nueva, y nosotros callamos; y si esperamos hasta el amanecer, nos alcanzará nuestra maldad. Vamos pues, ahora, entremos y demos la nueva en casa del rey.

Vinieron, pues, y gritaron a los guardas de la puerta de la ciudad, y les declararon, diciendo: Nosotros fuimos al campamento de los sirios, y he aquí que no había allí nadie, ni voz de hombre, sino caballos atados, asnos también atados, y el campamento intacto. Los porteros gritaron, y lo anunciaron dentro, en el palacio del rey. Y se levantó el rey de noche, y dijo a sus siervos: Yo os declararé lo que nos han hecho los sirios. Ellos saben que tenemos hambre, y han salido de las tiendas y se han escondido en el campo, diciendo: Cuando hayan salido de la ciudad, los tomaremos vivos, y entraremos en la ciudad. Entonces respondió uno de sus siervos y dijo: Tomen ahora cinco de los caballos que han quedado en la ciudad (porque los que quedan acá también perecerán como toda la multitud de Israel que ya ha perecido), y enviemos y veamos qué hay. Tomaron, pues, dos caballos de un carro, y envió el rey al campamento de los sirios, diciendo: Id y ved. Y ellos fueron, y los siguieron hasta el Jordán; y he aquí que todo el camino estaba lleno de vestidos y enseres que los sirios habían arrojado por la premura. Y volvieron los mensajeros y lo hicieron saber al rey. Entonces el pueblo salió, y saqueó el campamento de los sirios. Y fue vendido un seah de flor de harina por un siclo, y dos seahs de cebada por un siclo, conforme a la palabra de Jehová.

Vemos todo aconteció como lo había dicho el varón de Dios, una de las evidencias más grandes que tiene el profeta es que lo qué dijo se cumplió.

2 Reyes 7: 18 al 20

Acontecíó, pues, de la manera que el varón de Dios había hablado al rey, diciendo: Dos seahs de cebada por un siclo, y el seah de flor de harina será vendido por un siclo mañana a estas horas, a la puerta de Samaria. A lo cual aquel príncipe había respondido al varón de Dios, diciendo: Si Jehová hiciese ventanas en el cielo, ¿pudiera suceder esto? Y él dijo: He aquí tú lo verás con tus ojos, mas no comerás de ello. Y le sucedió así; porque el pueblo le atropelló a la entrada, y murió.

Aquí vemos claro que la doble porción puede más que la incredulidad. Pero vemos que por encima de la incredulidad dios honra a sus profetas.

No sólo en el Antiguo Testamento había incrédulos, también en el Nuevo Testamento vemos que en el Ministerio de nuestro señor Jesucristo se encontraron muchos casos los cuales, preocupado a nuestro Señor, al mismo tiempo que el fluir de los milagros divinos se limitará:

Mateo 13: 58

Y no hizo allí muchos milagros, a causa de la incredulidad de ellos.

Se puede notar lo difícil que se le hacía a nuestro señor trabajar con los incrédulos, era algo difícil ya que estas personas aún diciéndoles no creían.

Lucas 22: 67

¿Eres tú el Cristo? Dínoslo. Y les dijo: Si os lo dijere, no creeréis...

Cuando una persona no le cree a Dios jamás puede ver un milagro y aún viendo señales no creerán.

Juan 12: 37

Pero a pesar de que había hecho tantas señales delante de ellos, no creían en él...

Hay 2 cosas que impresionan a Jesús, positivamente: la fe, y negativamente: La incredulidad.

Marcos 6: 6

Y estaba asombrado de la incredulidad de ellos. Y recorría las aldeas de alrededor, enseñando.

Si una persona es incrédula sólo tiene una salida pedirle a nuestro señor Jesucristo que le ayude, esto puede ser a través de la humillación.

Marcos 9: 24

E inmediatamente el padre del muchacho clamó y dijo: Creo; ayuda mi incredulidad.

Siempre en el Ministerio de Jesús había quienes dudaban, en el caso de Tomás veamos Qué sucedió cuando le dijeron que el señor había resucitado.

Juan 20: 24, 25

Pero Tomás, uno de los doce, llamado Dídimo, no estaba con ellos cuando Jesús vino. Le dijeron, pues, los otros discípulos: Al Señor hemos visto. Él les dijo: Si no viere en sus manos la señal de los clavos, y metiere mi dedo en el lugar de los clavos, y metiere mi mano en su costado, no creeré.

Vemos que entre los 12 discípulos este se hizo famoso por su palabra al decir: Tengo que ver para creer, pero todos tenemos que entender que ese no es el plan divino y por eso el Señor le dice a Tomás: No seas incrédulo sino creyente.

Juan 20: 27

Luego dijo a Tomás: Pon aquí tu dedo, y mira mis manos; y acerca tu mano, y métela en mi costado; y no seas incrédulo, sino creyente.

A muchos el señor les reprendía su incredulidad.

Marcos 16: 16

El que creyere y fuere bautizado, será salvo; más el que no creyere, será condenado.

A muchas personas les impacta Tomás por su incredulidad, pero Cristo en su palabra: No te he dicho que si crees verás la gloria de Dios.

Juan 11: 40

Jesús le dijo: ¿No te he dicho que si crees, verás la gloria de Dios?

La bendición grande y preciosa la tienen como un río las personas qué creen, como dijo cristo en:

Juan 7: 38

El que cree en mí, como dice la Escritura, de su interior correrán ríos de agua viva.

Hay bendición para el que cree a Dios aún en el Antiguo Testamento como en el Nuevo Testamento.

Génesis 12:3

Bendeciré a los que te bendijeren, y a los que te maldijeren maldeciré; y serán benditas en ti todas las familias de la tierra.

Génesis 49: 25

Por el Dios de tu padre, el cual te ayudará, por el Dios Omnipotente, el cual te bendecirá con bendiciones de los cielos de arriba, con bendiciones del abismo que está abajo, con bendiciones de los pechos y del vientre.

Éxodo 20: 24

Altar de tierra harás para mí, y sacrificarás sobre él tus holocaustos y tus ofrendas de paz, tus ovejas y tus vacas; en todo lugar donde yo hiciere que esté la memoria de mi nombre, vendré a ti y te bendeciré.

Deuteronomio 7: 13

Y te amará, te bendecirá y te multiplicará, y bendecirá el fruto de tu vientre y el fruto de tu tierra, tu grano, tu mosto, tu aceite, la cría de tus vacas, y los rebaños de tus ovejas, en la tierra que juró a tus padres que te daría.

Deuteronomio 15: 4

para que así no haya en medio de ti mendigo; porque Jehová te bendecirá con abundancia en la tierra que Jehová tu Dios te da por heredad para que la tomes en posesión...

Gálatas 3: 14

para que en Cristo Jesús la bendición de Abraham alcanzase a los gentiles, a fin de que por la fe recibiésemos la promesa del Espíritu.

Hay muchas bendiciones para el que cree a Dios hoy y siempre, sólo tiene que encomendar todo y Dios hará.

Salmos 37: 5

Encomienda a Jehová tu camino, y confía en él; y él hará.

Isaías 26: 4

Confiad en Jehová perpetuamente, porque en Jehová el Señor está la fortaleza de los siglos.

Proverbios 3:5

Fíate de Jehová de todo tu corazón, y no te apoyes en tu propia prudencia.

Salmo 125:1

Los que confían en Jehová son como el monte de Sion, que no se mueve, sino que permanece para siempre.

No importa cuántas personas y cuántas doctrinas se levanten si tu pensamiento está en Jehová y te guardaré para él no hay nada nadie qué te mueva y sentirás una paz especial en tu vida siempre.

Isaías 26: 3

Tú guardarás en completa paz a aquel cuyo pensamiento en ti persevera; porque en ti ha confiado.

El secreto para ver un milagro es creer. Tomás dijo tengo que ver para creer y Cristo dijo si crees verás. Yo le creo a dios. ¿Le crees tú?

Marcos 16: 14

Finalmente se apareció a los once mismos, estando ellos sentados a la mesa, y les reprochó su incredulidad y dureza de corazón, porque no habían creído a los que le habían visto resucitado.

Y si no le creemos al señor estamos perdidos, por eso hay que venir a Dios.

Juan 3: 26 *Y vinieron a Juan y le dijeron: Rabí, mira que el que estaba contigo al otro lado del Jordán, de quien tú diste testimonio, bautiza, y todos vienen a él.*

Bienes de la sunamita devueltos

Habló Eliseo con aquella mujer a cuyo hijo le había resucitado y le dijo: Levántate vete tú y toda tu casa a vivir donde puedas, porque Jehová llamado el hambre, la cual vendrá sobre la Tierra por 7 años.

Vemos que la maldad de samaria fue castigada con una gran hambre, pero Dios tuvo gran misericordia con la sunamita que había sustentado al profeta Elíseo, el profeta su misericordia y aprecio por ella le dice lo que se aproxima para la ciudad, es bien importante saber que El que siembra generosamente así también cosechará.

El hambre eminente por esto el profeta le dice a esta mujer que se haga misiones y se marche a otro lugar. Qué lindo Cuando el hombre o la mujer le cree a Dios siempre. El profeta le dice a la mujer qué el juicio es para Israel y que en otro país habrá abundancia. El profeta le recomienda que se marche a tierra de los filisteos, parece que el hambre era exclusivamente para Israel, mientras que las naciones cercanas tendrían abundancia, esto sin duda mostraba que la mano de Dios estaba puesta Israel.

2 Reyes 8: 3, 4

Y cuando habían pasado los siete años, la mujer volvió de la tierra de los filisteos; después salió para implorar al rey por su casa y por sus tierras. Y había el rey hablado con Giezi, criado del varón de Dios, diciéndole: Te ruego que me cuentes todas las maravillas que ha hecho Eliseo.

Cuando pasó el hambre, la mujer volvió de la Tierra de los filisteos, dio su casa y su hacienda en ruinas, fuera por confiscación oficial o por usurpación de los vecinos, ella quiso apelar al rey, pero qué sorpresa para ella, ya que él es rey estaba hablando con Gieze acerca de los milagros de Eliseo, puesto que el profeta gozo de una vida milagrosa en su trayectoria de ministerio.

Milagros de Eliseo

Está feliz coincidencia favoreció tanto narración de Gieze como a la petición de la sunamita. Esto hizo que el rey estuviese dispuesto a creer los milagros de Eliseo; al verlo confirmando en un testigo de mayor excepción.

2 Reyes 8: 5

Y mientras él estaba contando al rey cómo había hecho vivir a un muerto, he aquí que la mujer, a cuyo hijo él había hecho vivir, vino para implorar al rey por su casa y por sus tierras. Entonces dijo Giezi: Rey señor mío, esta es la mujer, y este es su hijo, al cual Eliseo hizo vivir.

Vemos como el rey le concede a la mujer lo que ella demandaba. Vemos la gloria de Dios concediendo una bendición a una mujer que había favorecido al cielo través de Eliseo de una forma milagrosa, por lo cual, los bienes de la sunamita fueron devueltos.

2 Reyes 8: 6

Y preguntando el rey a la mujer, ella se lo contó. Entonces el rey ordenó a un oficial, al cual dijo: Hazle devolver todas las cosas que eran suyas, y todos los frutos de sus tierras desde el día que dejó el país hasta ahora.

Podemos observar qué Ben-adad era un rey grande, rico y poderoso, pero estaba enfermo. Vemos Que no hay nada que el hombre pueda hacer ante las enfermedades, por más poderoso o grande que sea. En su convalecencia el rey escuchó de Eliseo y en vivo a consultar a Jehová por medio de Eliseo, esto es muy extraño ya que cuándo Ben-adad tenía salud sólo consultaba ídolos en el templo de Rimon. Como éste hay muchas personas que no aman al Dios del cielo y andan de espalda a su Creador, pero no debe esperar hasta el triste momento de una enfermedad, para buscar a Dios.

2 Reyes 8: 8, 9

Y el rey dijo a Hazael: Toma en tu mano un presente, y ve a recibir al varón de Dios, y consulta por él a Jehová, diciendo: ¿Sanaré de esta enfermedad? Tomó, pues, Hazael en su mano un presente de entre los bienes de Damasco, cuarenta camellos cargados, y fue a su encuentro, y llegando se puso delante de él, y dijo: Tu hijo Ben-adad rey de Siria me ha enviado a ti, diciendo: ¿Sanaré de esta enfermedad?

La respuesta de Eliseo:

2 Reyes 8: 10

Y Eliseo le dijo: Ve, dile: Seguramente sanarás. Sin embargo, Jehová me ha mostrado que él morirá ciertamente.

El profeta le contesta que se iba a recuperar, pero a la vez dios le revelaba que el rey iba a morir. Vemos como el poder de Dios le concede a su siervo el profeta que aún le revelaba las cosas futuras.

2 Reyes 8: 11

Y el varón de Dios le miró fijamente, y estuvo así hasta hacerlo ruborizarse; luego lloró el varón de Dios.

El profeta Elíseo llora porque Dios le muestra la maldad de Hazael hacia el pueblo y hacia el rey. Qué precioso poder tenía, pues este hombre le advierte de la muerte violenta que tendría rey y de los males qué haría Hazael.

2 Reyes 8: 12

Entonces le dijo Hazael: ¿Por qué llora mi señor? Y él respondió: Porque sé el mal que harás a los hijos de Israel; a sus fortalezas pegarás fuego, a sus jóvenes matarás a espada, y estrellarás a sus niños, y abrirás el vientre a sus mujeres que estén encintas.

Hazael se molestó y se sorprendió de las predicciones de Elíseo, pero bien lo dice la palabra, que nada hay oculto que no salga a la luz, tal y como lo dijo el profeta:

2 Reyes 8: 14, 15

Y Hazael se fue, y vino a su señor, el cual le dijo: ¿Qué te ha dicho Eliseo? Y él respondió: Me dijo que seguramente sanarás. El día siguiente, tomó un paño y lo metió en agua, y lo puso sobre el rostro de Ben-adad, y murió; y reinó Hazael en su lugar.

Vemos que Hazael mató a su rey. Qué triste cuando muchas personas aún Dios revelando su condición, no reconocen que están mal y aún se enojan cuando se les dice que se arrepientan. Si hay malos pensamientos en tu vida cómo Hazael, es tiempo de que vuelvas a Dios y te arrepientas, reconoce tu condición y habla con Dios para que él haga hoy y siempre grandezas en tu vida.

Jehu es ungido Rey de Israel

2 Reyes 9:1-5

Entonces el profeta Eliseo llamó a uno de los hijos de los profetas, y le dijo: Ciñe tus lomos, y toma esta redoma de aceite en tu mano, y ve a Ramot de Galaad. Cuando llegues allá, verás allí a Jehú hijo de Josafat hijo de Nimsi; y entrando, haz que se levante de entre sus hermanos, y llévalo a la cámara.

Toma luego la redoma de aceite, y derrámala sobre su cabeza y di: Así dijo Jehová: Yo te he ungido por rey sobre Israel. Y abriendo la puerta, echa a huir, y no esperes.

Fue, pues, el joven, el profeta, a Ramot de Galaad. Cuando él entró, he aquí los príncipes del ejército que estaban sentados. Y él dijo: Príncipe, una palabra tengo que decirte. Jehú dijo: ¿A cuál de todos nosotros? Y él dijo: A ti, príncipe.

Así como lo dijo Eliseo, los príncipes estaban reunidos. Es importante saber que ya había una orden divina de parte de Dios de ungir a Jehu por rey, pero diferente a otras personas que luchaban por la corona. Probablemente ungió a este hombre en secreto, pero como no hay luz en la Biblia para asegurarlo, esto es sólo una opinión.

Un dato muy importante es saber porque Eliseo no fue en persona y envió un profeta joven, lo más probable por su edad, aunque Dios hace como él quiere El joven profeta le dice: Así dijo Jehová, Dios de Israel, cuyo mensajero soy, en su nombre, te he ungido por rey sobre Israel.

Es de Gran importancia saber que el Dios que quita y pone Reyes envío a este profeta. Tal y como Dios quería que sucediera le da orden a Jehu de acabar por completo con la idolatría cuyos líderes principales eran Acab y Jezabel.

2 Reyes 9: 11 al 15

Después salió Jehú a los siervos de su señor, y le dijeron: ¿Hay paz? ¿Para qué vino a ti aquel loco? Y él les dijo: Vosotros conocéis al hombre y sus palabras. Ellos dijeron: Mentira; decláranoslo ahora. Y él dijo: Así y así me habló, diciendo: Así ha dicho Jehová: Yo te he ungido por rey sobre Israel.

Entonces cada uno tomó apresuradamente su manto, y lo puso debajo de Jehú en un trono alto, y tocaron corneta, y dijeron: Jehú es rey.

Jehú mata a Joram

Así conspiró Jehú hijo de Josafat, hijo de Nimsi, contra Joram. (Estaba entonces Joram guardando a Ramot de Galaad con todo Israel, por causa de Hazael rey de Siria; pero se había vuelto el rey Joram a Jezreel, para curarse de las heridas que los sirios le habían hecho, peleando contra Hazael rey de Siria.) Y Jehú dijo: Si es vuestra voluntad, ninguno escape de la ciudad, para ir a dar las nuevas en Jezreel.

Encontramos que después del mensajero terminar, los Príncipes continúan su reunión, pero en medio de la misma había inquietud de saber, aunque la pregunta no fue la mejor: ¿Para que vino a ti ese loco? Estos ciegos príncipes, hablando en el término spiritual ni siquiera reconocieron que era un profeta de Jehová el que había hablado con Jehu. Es triste cuando se pierde la visión y no se sabe qué hacer, sin saberlo a este hombre llamando loco, al profeta de

Jehová; pero Jehu no cayó y le preguntó: ¿Conocen ustedes a este hombre? Luego ellos ruegan que le cuente y Jehu les dice que el profeta le había ungido Rey de Israel; ellos a rápidamente celebran. Esto fue uno de los últimos momentos de Eliseo antes de morir; aunque de esta experiencia de enviar a ungir a Jehu a través del profeta joven, hubo un Gran Silencio en la Biblia en cuanto a qué sucedió después con Eliseo. Después de algún tiempo gramos el nombre del profeta Elíseo en el capítulo 13 de 2 Reyes.

Es lindo saber que Dios había hablado a Elías de la unción de Jehu en 1era de Reyes capítulo 19 y aunque Elías quizás no pudo públicamente, tampoco pudo Eliseo; en el capítulo 9:1. Siempre alguien tiene que terminar la obra. No sé lo que Dios tiene para ti. Después de Elías y Eliseo un joven ungió a Jehu pero en este momento el próximo puede que seas tú. Dios te está llamando.

La unción que resucita los muertos y la doble porción del Espíritu de Dios

2 Reyes 13: 14

Estaba Eliseo enfermo de la enfermedad de que murió. Y descendió a él Joás rey de Israel, y llorando delante de él, dijo: !!Padre mío, padre mío, carro de Israel y su gente de a caballo!

Con exactitud no sabemos qué edad tenía el profeta en este momento final de su vida, pero muchos opinan qué tendría aproximadamente entre 80 a 90 años.

Este ministerio hizo grandes maravillas y fue de Gran beneficio para el pueblo. No se puede negar el poder que recibió este hombre de Dios, pero desde su llamado se negó asimismo y lo único que le dijo al profeta Elías fue: Déjame despedirme de mis familiares. Hay que señalar e rápido cambio de Eliseo y cómo se despide de todo.

Hay personas que quieren ministerio, pero no se quieren despedir de todo, siguen en su vida de pecado y en su vida de corrupción, pero deben entender qué si quieren unción tienen que despedirse del pecado, del mundo, la carnalidad, los deseos de los ojos y la vanagloria de la vida. Siempre hemos oído la expresión: ¿Dónde está el Dios de Elías o Eliseo? Pero Dios te pregunta: ¿Dónde están los Elías y Eliseo de Dios?

Vemos que el rey Joas le visita y llora ante Eliseo, este Rey muestra su respeto y confianza en Eliseo; el rey muy triste le ofrece el mismo lamento que ofreció Eliseo a Elías cuando dice: ¡Padre mío, padre mío, carro de Israel y su gente de a caballo!

2 Reyes 13: 15, 16

Y le dijo Eliseo: Toma un arco y unas saetas. Tomó él entonces un arco y unas saetas. Luego dijo Eliseo al rey de Israel: Pon tu mano sobre el arco. Y puso él su mano sobre el arco. Entonces puso Eliseo sus manos sobre las manos del rey,

Vemos que Eliseo le da gran seguridad al rey de su éxito en el reinado y la victoria contra los sirios.

Aquí podemos ver ministerio poderoso de este gran hombre de Dios, que aún en su lecho de enfermedad le da órdenes ha lamentado y falto de fe del pueblo Israel.

Podemos notar que, aunque el profeta faltara, el Dios de Israel y de los profetas estaría vivo para una gran Victoria a su pueblo siempre. El profeta le ordena aún en su lecho lo lo siguiente ala rey: "Pon tu mano sobre el arco, abre la ventana y tira", vemos que el rey va en obediencia paso por paso según le indicó el profeta y como si fuera un niño, sigue lentamente las instrucciones del profeta. ¡Cuando se obedece hay Victoria siempre! El profeta le dice en cuanto saeta: Saeta de salvación es.

2 Reyes 13: 17

y dijo: Abre la ventana que da al oriente. Y cuando él la abrió, dijo Eliseo: Tira. Y tirando él, dijo Eliseo: Saeta de salvación de Jehová, y saeta de salvación contra Siria; porque herirás a los sirios en Afec hasta consumirlos.

Ahora el profeta prueba al rey y le dice: ¡Golpea!, y mientras él golpeaba tres veces, se detuvo.

2 Reyes 13: 18

Y le volvió a decir: Toma las saetas. Y luego que el rey de Israel las hubo tomado, le dijo: Golpea la tierra. Y él la golpeó tres veces, y se detuvo.

Vemos Que si nadie decirle al rey tenga el mismo lo hizo, más el profeta enojado le dijo:

2 Reyes 13: 19

Entonces el varón de Dios, enojado contra él, le dijo: Al dar cinco o seis golpes, hubieras derrotado a Siria hasta no quedar ninguno; pero ahora sólo tres veces derrotarás a Siria.

Y así de una forma victoriosa y dando orden a un rey, muere el profeta Elíseo con seguridad y con autoridad en el momento de su partida.

2 Reyes 13: 20

Y murió Eliseo, y lo sepultaron. Entrado el año, vinieron bandas armadas de moabitas a la tierra.

Muchas personas dicen que lo último que se escribe héroe es su muerte, porque ahí termina todo, pero en el caso de este profeta no fue así. Luego de la muerte de Eliseo un año y hubo guerra y entraron bandas armadas de moabitas. Iban unos a enterrar un muerto y viendo la banda arrojaron El cadáver en un lugar que para ellos era conveniente, el lugar resultó ser el sepulcro del profeta Elíseo; y al momento del difunto tocar los huesos de Eliseo, se levantó y se marchó. Para ellos Fue una gran sorpresa y quizás no sabía lo que sucedía, aunque el poder es solamente de Dios. Hubo un hombre en este mundo llamado Eliseo que con la doble porción venció la duda, es por esta razón que nosotros con seguridad, por este milagro y muchos que Eliseo realizó, conocemos de esa doble porción del Espíritu de Dios.

La doble porción

Eliseo se llenó del poder de Dios y al mismo tiempo disfruto del acontecimiento conocido como "la doble porción". Aunque con certeza no habría palabra para explicar esto, cómo le dijo Elías: "algo difícil has pedido", pero si notamos que Eliseo vivió una vida victoriosa y llevó a cabo muchas señales, maravillas y milagros, qué ningún otro profeta hizo, con excepción de Moisés.

A esta vida que vivió Eliseo podríamos llamarle: Una doble porción. Nunca se escuchó que Eliseo hubiera oído por amenazas o que hubiera el valor, ya que en una ocasión su ejemplo, el profeta Elías, por así decirlo, huyó; pero esto nos dice que Dios hace como él quiere y que somos sujetos apasiones carnales. El varón de Dios Eliseo aún cuando estaba enfermo le daba órdenes a Reyes.

Paralelos de Elías y Eliseo

Fueron dos grandes ministerios, dos varones de Dios, dos profetas Ungidos, sólo lo separaban algunas vocales, pero tenían muchas cosas en común y aún muchas diferencias. Elías era un hombre de Monte y solitario, Eliseo era un hombre de ciudad muy amable. Uno aparecía de momento y luego desaparecía en la montaña; el otro siempre estaba en la ciudad desarrollando su ministerio en samaria.

Ambos fueron usados en milagros extraordinarios como, por ejemplo: Ambos golpearon las aguas del Jordán y pasaron en Seco.

Elías en 2a Reyes 2: 8

Eliseo en 2 Reyes 2: 14

Ambos trajeron aguas refrescantes en tiempo de sequía:

Elías en 1 Reyes 18: 41 al 45

Eliseo en 2 Reyes 3: 15 al 20

Ambos suplieron alimento a una viuda:

Elías en 1 Reyes 17: 10 al 16

Elíseo en 2 Reyes 4: 1 al 7

Hay una diferencia qué podemos notar en Eliseo, y es que nunca hay una cita bíblica que lo muestra quejándose. Por eso sabemos con certeza que Eliseo de una doble porción del Espíritu venciendo así todas las dudas e incredulidades, por lo cual, alcanzó la victoria.

Eliseo **2 Reyes 4:18 al 35**

Y el niño creció. Pero aconteció un día, que vino a su padre, que estaba con los segadores; y dijo a su padre: ¡Ay, mi cabeza, mi cabeza! Y el padre dijo a un criado: Llévalo a su madre. Y habiéndole él tomado y traído a su madre, estuvo sentado en sus rodillas hasta el mediodía, y murió. Ella entonces subió, y lo puso sobre la cama del varón de Dios, y cerrando la puerta, se salió.

Llamando luego a su marido, le dijo: Te ruego que envíes conmigo a alguno de los criados y una de las asnas, para que yo vaya corriendo al varón de Dios, y regrese. Él dijo: ¿Para qué vas a verle hoy? No es nueva luna, ni día de reposo. Y ella respondió: Paz. Después hizo enalbardar el asna, y dijo al criado: Guía y anda; y no me hagas detener en el camino, sino cuando yo te lo dijere.

Partió, pues, y vino al varón de Dios, al monte Carmelo. Y cuando el varón de Dios la vio de lejos, dijo a su criado Giezi: He aquí la sunamita. Te ruego que vayas ahora corriendo a recibirla, y le digas: ¿Te va bien a ti? ¿Le va bien a tu marido, y a tu hijo? Y ella dijo: Bien. Luego que llegó a donde estaba el varón de Dios en el monte, se asió de sus pies. Y se acercó Giezi para quitarla; pero el varón de Dios le dijo: Déjala, porque su alma está en amargura, y Jehová me ha encubierto el motivo, y no me lo ha revelado. Y ella dijo: ¿Pedí yo hijo a mi señor? ¿No dije yo que no te burlases de mí?

Entonces dijo él a Giezi: Ciñe tus lomos, y toma mi báculo en tu mano, y ve; si alguno te encontrare, no lo saludes, y si alguno te saludare, no le respondas; y pondrás mi báculo sobre el rostro del niño. Y dijo la madre del niño: Vive Jehová, y vive tu alma, que no te dejaré. El entonces se levantó y la siguió. Y Giezi había ido delante de ellos, y había puesto el báculo sobre el rostro del niño; pero no tenía voz ni sentido, y así se había vuelto para encontrar a Eliseo, y se lo declaró, diciendo: El niño no despierta. Y venido Eliseo a la casa, he aquí que el niño estaba muerto tendido sobre su cama.

Entrando él entonces, cerró la puerta tras ambos, y oró a Jehová. Después subió y se tendió sobre el niño, poniendo su boca sobre la boca de él, y sus ojos sobre sus ojos, y sus manos sobre las manos suyas; así se tendió sobre él, y el cuerpo del niño entró en calor. Volviéndose luego, se paseó por la casa a una y otra parte, y después subió, y se tendió sobre él nuevamente, y el niño estornudó siete veces, y abrió sus ojos.

Eliseo un líder espiritual, estable en sus emisiones y en sus decisiones

Eliseo era un modelo de líder cuando recibió su llamado no titubeó y se entregó a la obra divina en serio. Pidió los bienes y la porción celestial. Eliseo era un hombre íntegro, hablaba con autoridad divina.

Reflexiones

Una pequeña reflexión sobre Josué

Fue el sucesor de Moisés, su nombre significa salva o salvación. Es impresionante como el nombre de este hombre combina con el propósito de DIOS; no solo se le llamaría conquistador sino era un militar y un soldado de DIOS, pero creemos que era pastor, profeta y un líder poderoso

Josué era hijo de Num de la tribu de Efraín

Éxodo 17: 9

Era un ayudante de Moisés (Éxodo 24: 12).

Fue unos de los espías enviado a reconocer la tierra (Números 13: 8).

Recibió por su fidelidad la bendición y la promesa de entrar a la tierra prometida (**Números 27: 6-al 30**).

Moisés le dio al pueblo la noticia de lo que le dijo Jehová (**Deuteronomio 31: 1 al 8**). Ahora el dialogo no siguió a través de Moisés, fue directo para Josué.

Queremos ministrarle, orarle, ayudarle, pero siempre con la idea de que usted busque su propia experiencia y su propio impacto.

Después de la muerte de Moisés Dios vio un Josué, un hombre muy trabajador, luchador, consagrado, sincero, integro y decidido a buscar la gloria de Dios y llenarse de DIOS. Dios le da unas instrucciones a Josué

Josué era un servidor y el que no sirve, no sirve. El servidor es la persona que está al servicio de alguien o de algo; muchas personas se sienten bien con servir a los demás y eso lo llena.

El servir va cubierto de muchas y grandes cosas con más de una función

Faraón tenía muchos servidores (**Genesis 40: 20**).

Hay gente que sirve y nunca se le reconoce, pero el rey te honrara (**Ester 6: 3**).

Josué servía a Moisés sin ser contratado directamente (**Éxodo 24: 13**).

Josué nunca se apartaba del servicio (**Éxodo 33: 11**).

Hasta los servidores de la cocina los reconoce Dios (**Ezequiel 46-24**).

Somos servidores de DIOS PRIMERO Y LUEGO DE SU IGLESIA (**Juan 12: 26**).

Romanos 13: 4- 6

porque es servidor de Dios para tu bien. Pero si haces lo malo, teme; porque no en vano lleva la espada, pues es servidor de Dios, vengador para castigar al que hace lo malo. Por lo cual es necesario estarle sujetos, no solamente por razón del castigo, sino también por causa de la conciencia. Pues por esto pagáis también los tributos, porque son servidores de Dios que atienden continuamente a esto mismo.

1 Corintios 3: 5

¿Qué, pues, es Pablo, y qué es Apolos? Servidores por medio de los cuales habéis creído; y eso según lo que a cada uno concedió el Señor.

1 Corintios 4: 1

Así, pues, téngannos los hombres por servidores de Cristo, y administradores de los misterios de Dios.

1 Tesalonicenses 3: 2

y enviamos a Timoteo nuestro hermano, servidor de Dios y colaborador nuestro en el evangelio de Cristo, para confirmaros y exhortaros respecto a vuestra fe...

Josué 1:1-9

Aconteció después de la muerte de Moisés siervo de Jehová, que Jehová habló a Josué hijo de Nun, servidor de Moisés, diciendo: Mi siervo Moisés ha muerto; ahora, pues, levántate y pasa este Jordán, tú y todo este pueblo, a la tierra que yo les doy a los hijos de Israel. Yo os he entregado, como lo había dicho a Moisés, todo lugar que pisare la planta de vuestro pie. Desde el desierto y el Líbano hasta el gran río Eufrates, toda la tierra de los heteos hasta el gran mar donde se pone el sol será vuestro territorio. Nadie te podrá hacer frente en todos los días de tu vida; como estuve con Moisés, estaré contigo; no te dejaré, ni te desampararé. Esfuérzate y sé valiente; porque tú repartirás a este pueblo por heredad la tierra de la cual juré a sus padres que la daría a ellos. Solamente esfuérzate y sé muy valiente, para cuidar de hacer conforme a toda la ley que mi siervo Moisés te mandó; no te apartes de ella ni a diestra ni a siniestra, para que seas prosperado en todas las cosas que emprendas. Nunca se apartará de tu boca este libro de la ley, sino que de día y de noche meditarás en él, para que guardes y hagas conforme a todo lo que en él está escrito; porque entonces harás prosperar tu camino, y todo te saldrá bien. Mira que te mando que te esfuerces y seas valiente; no temas ni desmayes, porque Jehová tu Dios estará contigo en dondequiera que vayas.

Josué 1:1-2

Dios llamó a Josué y lo comisionó.

Josué 1-3

Yo la he entregado como lo había dicho a Moisés, todo lugar que pisare vuestra planta de los pies es vuestro, desde un sitio a otro

Josué 1: 5

Nadie te podrá hacer frente en todos los días de tu vida, como estuve con Moisés estaré contigo. No te dejaré. Dios nunca te deja solo, confía. No te desampararé. Aunque usted no le ame, DIOS te ama.

Josué 1: 6-7

El repartirá, solo esfuérzate y se valiente; lo que le prometió al pueblo, solo esfuérzate y se muy valiente, cuida de hacer conforme a toda la ley, como mi siervo Moisés, tu mentor, tu modelo y tu ejemplo, te enseñó. No te aparte de la ley ni a diestra ni a siniestra para que seas prosperado en todas las cosas que emprendas.

¿Qué significa a diestra y siniestra?

Es una frase que se puede describir como algo que no atina o una frase que se usa para el orden, donde no hay discreción; siniestra es que no sea malintencionado, infeliz. También se usa para decir ni a derecha ni a izquierda

Josué 1: 8

Nunca se aparte de tu boca de tu boca este libro de la ley, sino que de día y de noche meditaras en el para que guardes y hagas conforme a todo lo que en el está escrito, porque entonces harás prosperar tu camino y todo te saldrá bien.

Josué 1: 9

Mira que te mando que te esfuerces y sea valiente porque Jehová tu Dios estarás contigo en dondequiera que vayas.

Pequeña reflexión del profeta Samuel

Había un varón llamado Elcana. Así se llamaba el padre de Samuel, y su madre se llamaba Ana. Este pasaje habla públicamente de un caso de poligamia. La definición de esto es el régimen familiar que permite tener más de una esposa; cosa que en algunos países lo permiten todavía, pero solo gozan de este acto algunas personas con grandes poderes económicos.

En la Biblia para este tiempo no era castigada ni prohibida la poligamia el pueblo se encontraba bajo la palabra bíblica de crecer y multiplicarse.

Genesis 1: 22

Y Dios los bendijo, diciendo: Fructificad y multiplicaos, y llenad las aguas en los mares, y multiplíquense las aves en la tierra.

Genesis 1: 28

Y los bendijo Dios, y les dijo: Fructificad y multiplicaos; llenad la tierra, y sojuzgadla, y señoread en los peces del mar, en las aves de los cielos, y en todas las bestias que se mueven sobre la tierra.

Genesis 9: 1

Bendijo Dios a Noé y a sus hijos, y les dijo: Fructificad y multiplicaos, y llenad la tierra.

Genesis 9: 7

Mas vosotros fructifíquense y multiplíquense; procread abundantemente en la tierra, y multiplicaos en ella.

Jeremías 29: 6

Casaos, y engendrad hijos e hijas; dad mujeres a vuestros hijos, y dad maridos a vuestras hijas, para que tengan hijos e hijas; y multiplicaos ahí, y no os disminuyáis.

Pero esto de la multiplicación era al principio, cuando el hombre tenía moral, era responsable y amaba la familia, más que las pasiones. Luego las reglas cambian por el sentido animal que tiene el hombre, el descontrol de lujuria y el pecado. Dios ordena al hombre que será marido de una sola mujer y cuando un rey quiso tocar a Sara esposa de Abraham, DIOS le advirtió que era casada (Genesis 20: 3).

Genesis 20: 7

Ahora, pues, devuelve la mujer a su marido; porque es profeta, y orará por ti, y vivirás. Y si no la devolvieres, sabe que de cierto morirás tú, y todos los tuyos.

En este pasaje DIOS dice a los hombres que le gustan las mujeres ajenas, devuélvala ahora a su marido

Proverbios 31: 28

Se levantan sus hijos y la llaman bienaventurada; y su marido también la alaba...

Una mujer que consigue un buen marido es bienaventurada.

Isaías 54: 5

Porque tu marido es tu Hacedor; Jehová de los ejércitos es su nombre; y tu Redentor, el Santo de Israel; Dios de toda la tierra será llamado.

DIOS tiene a su iglesia como una esposa.

Ezequiel 16: 32

sino como mujer adúltera, que en lugar de su marido recibe a ajenos.

La Biblia le llama adulterio a las personas que tienen dos relaciones.

Marcos 10: 12

y si la mujer repudia a su marido y se casa con otro, comete adulterio.

Hay dos salidas para el hombre volverse a casar, la primera si se le murió la esposa o el esposo. La segunda solo por causa de adulterio o fornicación. Debe un esposo o una esposa perdonar la persona que cometió el adulterio o la fornicación con otra persona, pero el divorcio es opcional. Fornicación es un término que se usa para describir un acto o una relación sexual fuera del matrimonio entre dos personas.

Los hijos de Elí eran unos fornicarios, pero Samuel era un joven de DIOS; en pocas palabras, los jóvenes ven cosas horribles en las calles y ven todo tipo de pecado, aun en el televisor, en los celulares u otro equipo electrónico de internet, en las escuela y universidades. Aunque las escuelas y universidades den buenas enseñanzas, los jóvenes traen sus malos comportamientos y malas costumbres. Por lo que, a estos lugares de respeto, terminan contaminando el área, pero usted siga los buenos ejemplos y las buenas costumbres no dejándose arrastrar por el pecado.

Adulterio relación sexual con otra persona que no es su conyugue.

Efesios 5: 25

Maridos, amad a vuestras mujeres, así como Cristo amó a la iglesia, y se entregó a sí mismo por ella...

Efesios 5: 28

Así también los maridos deben amar a sus mujeres como a sus mismos cuerpos. El que ama a su mujer, a sí mismo se ama.

Colosenses 3: 19

Maridos, amad a vuestras mujeres, y no seáis ásperos con ellas.

Yo creo que no estamos obligados a perdonar una infidelidad planificada; en pocas palabras, si su conyugue se está viendo y hablando con otra persona por tiempo y tiempo, usted no está obligado a perdonarlo; en todo caso, si es tentado y cae de momento, pero algo planificado y adulterando por tiempo hasta que lo descubren no. La biblia le da una salida para un divorcio, si su conyugue muere, por causa de adulterio o fornicación planificada.

Nadie puede estar soltando y agarrando mujeres. Si suelta a su esposa y se casa con otra solo porque esta engordó o dice que ya no se arregla, lo siento por usted, no sigas ministrando, va a estar en adulterio permanente, si la cambio por otra más bella o más flaquita; usted está en adulterio y debe de arrepentirse porque el juicio divino le caerá pronto en su casa y en su vida. La biblia dice 'deje el impío su camino y el hombre inicuo su pensamiento y vuélvase a Jehová.

1 Timoteo 3: 12

Los diáconos sean maridos de una sola mujer, y que gobiernen bien sus hijos y sus casas.

Tito 2: 4-5

que enseñen a las mujeres jóvenes a amar a sus maridos y a sus hijos, a ser prudentes, castas, cuidadosas de su casa, buenas, sujetas a sus maridos, para que la palabra de Dios no sea blasfemada.

A los esposos un consejo:

1 Pedro 3: 7

Vosotros, maridos, igualmente, vivid con ellas sabiamente, dando honor a la mujer como a vaso más frágil, y como a coherederas de la gracia de la vida, para que vuestras oraciones no tengan estorbo.

Ahora seguimos con la historia de Samuel. Ana le pide a Dios un hijo y le promete que lo entregará en su templo y lo dará a DIOS. Pon tus hijos siempre en las manos del señor DIOS y él te engrandecerá a su tiempo.

En 1era de Samuel 1: 26 Ana le recuerda al sacerdote Elí que ella era aquella mujer que lloraba en el templo y se burló, ella le dice 'por este niño yo oraba y DIOS me contesto' su nombre: Samuel.

En el tiempo que Samuel se levantó había mucho pecado, inmoralidad, corrupción, tristeza y cosas malas, pero antes de que la lampara de Jehová se apagara, Jehová llamó a Samuel. ¿Qué significa esto? más de una cosa Elí era una lampara apunto de apagarse y la lampara terrenal que podía ser antes de que amaneciera, antes de que hubiera una destrucción, antes de que se acabara el avivamiento, antes que se acaben los profetas, antes de que se acabe el mover de la unción sobre los hombres de DIOS, El sigue llamando personas no importa lo que usted vea, oiga. No importa quien se enfríe, quien no quiera seguir, DIOS te llama hoy, DIOS TE UNGE hoy. Si tu no conoces la voz de DIOS alguien te ayudará, pero acepta y reconoce el llamado de DIOS.

La pregunta es ¿dónde estaba Samuel cuando DIOS lo llamó? En el templo

1 Samuel 3

Jehová llama a Samuel

El joven Samuel ministraba a Jehová en presencia de Elí; y la palabra de Jehová escaseaba en aquellos días; no había visión con frecuencia. Y aconteció un día, que estando Elí acostado en su aposento, cuando sus ojos comenzaban a oscurecerse de modo que no podía ver, Samuel estaba durmiendo en el templo de Jehová, donde estaba el arca de Dios; y antes que la lámpara de Dios fuese apagada, Jehová llamó a Samuel; y él respondió: Heme aquí. Y corriendo luego a Elí, dijo: Heme aquí; ¿para qué me llamaste? Y Elí le dijo: Yo no he llamado; vuelve y acuéstate. Y él se volvió y se acostó. Y Jehová volvió a llamar otra vez a Samuel. Y levantándose Samuel, vino a Elí y dijo: Heme aquí; ¿para qué me has llamado? Y él dijo: Hijo mío, yo no he llamado; vuelve y acuéstate. Y Samuel no había conocido aún a Jehová, ni la palabra de Jehová le había sido revelada. Jehová, pues, llamó la tercera vez a Samuel. Y él se levantó y vino a Elí, y dijo: Heme aquí; ¿para qué me has llamado? Entonces entendió Elí que Jehová llamaba al joven. Y dijo Elí a Samuel: Ve y acuéstate; y si te llamare, dirás: Habla, Jehová, porque tu siervo oye. Así se fue Samuel, y se acostó en su lugar. Y vino Jehová y se paró, y llamó como las otras veces: !!Samuel, Samuel! Entonces Samuel dijo: Habla, porque tu siervo oye. Y Jehová dijo a Samuel: He aquí haré yo una cosa en Israel, que a quien la oyere, le retiñirán ambos oídos.

Aquel día yo cumpliré contra Elí todas las cosas que he dicho sobre su casa, desde el principio hasta el fin. Y le mostraré que yo juzgaré su casa para siempre, por la iniquidad que él sabe; porque sus hijos han blasfemado a Dios, y él no los ha estorbado. Por tanto, yo he jurado a la casa de Elí que la iniquidad de la casa de Elí no será expiada jamás, ni con sacrificios ni con ofrendas. Y Samuel estuvo acostado hasta la mañana, y abrió las puertas de la casa de Jehová. Y Samuel temía descubrir la visión a Elí.

Llamando, pues, Elí a Samuel, le dijo: Hijo mío, Samuel. Y él respondió: Heme aquí. Y Elí dijo: ¿Qué es la palabra que te habló? Te ruego que no me la encubras; así te haga Dios y aun te añada, si me encubrieres palabra de todo lo que habló contigo. Y Samuel se lo manifestó todo, sin encubrirle nada. Entonces él dijo: Jehová es; haga lo que bien le pareciere. Y Samuel creció, y Jehová estaba con él, y no dejó caer a tierra ninguna de sus palabras. Y todo Israel, desde Dan hasta Beerseba, conoció que Samuel era fiel profeta de Jehová. Y Jehová volvió a aparecer en Silo; porque Jehová se manifestó a Samuel en Silo por la palabra de Jehová.

¿Qué hacía Samuel durmiendo? el no conocía la gloria; cuando tu no conoces la gloria de DIOS, en el templo, hablas mucho, juegas, duermes, o estas indiferente, DIOS sabe que no le conoces y que solo es cuestión de tiempo; pronto cambiaras.

En el verso 4, Samuel responde sin saber quién era. En el verso 6, Samuel escucha la voz y va donde Elí. Creo que en ocasiones DIOS quieres tratar con nosotros y venimos a la persona equivocada. Dos cosas nos enseñan el verso 11:

1 – Samuel no conocía a DIOS

Usted le encanta los testimonios de otros, las grandezas que otros testifican, pero usted no conoces a DIOS. Procure con diligencia conocer a DIOS, buscar de DIOS, tener una experiencia con DIOS y llenarse de DIOS.

2- A Samuel no se le había revelado el plan de DIOS, NI EL PROPOSITO de DIOS, la palabra no se le había sido revelada; nosotros podemos ser los mejores pastores del mundo, pero la unción, la revelación, el poder no es nuestro, el poder es de DIOS.

En el verso numero 8 entendemos que alguien debe de guiarnos y ayudarnos a entender el propósito y el plan del Señor para nuestra vida, así lo hizo Elí con Samuel, lo ayudó a entender el propósito y el plan divino en nuestra vida

En el verso 9 Elí le dice a Samuel 've y acuéstate'. Le podía decir ve y medita, pero cuando DIOS quiere hacer algo lo hace, aunque usted este acostado, sentado, de pie, durmiendo, orando y Dios te toca con su poder y su gloria. Amen.

En el verso 10 DIOS llama a Samuel y Samuel le contesta 'habla Jehová que tu siervo oye'. En el verso 19 Samuel crecía y Jehová estaba con él. Procure cuando esté creciendo que Jehová este con usted y que la palabra que DIOS LE DA no caiga al piso. En el verso 20 encontramos que todos entendían que Samuel era fiel profeta de Jehová. Aleluya.

Consejos para los jóvenes

DIOS se preocupa mucho por los muchachos y las muchachas. En ocasiones quiere mostrarles que la vida es difícil y dura. Aunque muchos muchachos y muchachas, a cierta edad tienen llave de la casa no significa que sepan dirigir un hogar,

En ocasiones se encargan de la casa y se encargan de sus hermanitos porque trabajan, pero siempre necesitan ayuda. E Isaías 40:29 dice que el da fuerza al cansado y multiplica las fuerzas al que no tiene ninguna, en el verso 30 dice que los muchachos se fatigan y se cansan, los jóvenes flaquean y caen, pero los que esperan a Jehová tendrán nueva fuerza, levantaran alas como las águilas, correrán y no se cansaran, caminaran y no se fatigaran.

2 Crónicas 28: 8

También los hijos de Israel tomaron cautivos de sus hermanos a doscientos mil, mujeres, muchachos y muchachas, además de haber tomado de ellos mucho botín que llevaron a Samaria.

No era fácil estar cautivo, atado, oprimido, confundido, y menos llevado como esclavo a otra tierra

2 Reyes 5:2

Y de Siria habían salido bandas armadas, y habían llevado cautiva de la tierra de Israel a una muchacha, la cual servía a la mujer de Naamán.

De Siria salieron bandas armadas y se llevaron cautiva de la tierra de Israel a una muchacha la cual servía o trabajaba en la casa de Naamán, pero esta muchacha, aunque estaba cautiva era como José, su alma estaba libre y era una luz en Siria. Simplemente brilla en el sitio donde estés, da testimonio de fe y de una vida llena de decencia y paz, a pesar de los problemas y el ambiente difícil que te rodea. Había un problema extraño en este hogar, la muchacha trabajaba en el hogar de un hombre y una mujer de honra en su ciudad, pero el jefe del hogar era cautivo de una lepra. La muchacha se sentía muy baja y quizás pobre, pero llena de luz y de bendición.

Si dice mi problema es económico y de grandes turbulencias, pero conozco un DIOS que le puede ayudar. En pocas palabras anima al desanimado, consuela al que está triste y ayuda al que está confundido. Por la palabra de esta muchacha este hogar fue limpio -siendo ella el vaso de bendición en este hogar.

Muchos eran llevados cautivos y atados, pero el profeta Zacarias dijo 'así dice DIOS, los muchachos y las muchachas volverán a jugar en Jerusalén', (Zacarias 8: 5), en pocas palabras volverán a ser felices. Sabemos que hay muchos muchachos tristes, pero así dice DIOS LOS MUCHACHOS y las muchachas serán libre y volverán a jugar y alabar en las ciudades, como antes sin tantas violencias

Jesús le dijo a una muchacha en Lucas 8: 54 tomándola de la mano 'a ti te digo, levántate'.

Hubo una muchacha llamada Rosa en el libro de Hechos 12: 13 que cuando vio la liberación de Pedro se asustó, dudó y cerró otra vez la puerta. No te asustes recibe tu milagro

Dios visitó a un muchacho para que no muera de sed (Genesis 21: 17). Jesús reprendió un demonio en un muchacho y quedó sano en esa misma hora (Mateo 17: 18). Queremos que los padres crean y tengan fe (Marcos 9:24), en este caso, el padre del muchacho dijo 'creo, ayúdame en mi incredulidad'.

Los incrédulos por favor pidan ayuda a Jesucristo porque hay una unción y una doble porción que vence las dudas, solo tienes que creer. Los muchachos que tienen algo para Jesús, hablen, alaben, sirvan. En Juan 6: 9 dice que un muchacho tenía cinco panes y dos peces y Jesús los multiplicó gracias a que el estuvo dispuesto a compartir su comida.

Un filisteo llamado Goliat vio a David y le tuvo en poco porque era un muchacho (1 Samuel 17: 42), pero cuando David venció a Goliat rápidamente el rey Saul le pregunto muchacho '¿de quién eres hijo?' (1 Samuel 17: 58). Si no te reconocen por tu forma humilde, te reconocerán cuando venzas a un Goliat.

Una reflexión del Salmo 107

Dios libra de la aflicción

1 Alabad a Jehová, porque él es bueno;
   Porque para siempre es su misericordia.
2 Díganlo los redimidos de Jehová,
Los que ha redimido del poder del enemigo,
3 Y los ha congregado de las tierras,
Del oriente y del occidente,
Del norte y del sur.
4 Anduvieron perdidos por el desierto, por la soledad sin camino,
Sin hallar ciudad en donde vivir.
5 Hambrientos y sedientos,
Su alma desfallecía en ellos.
6 Entonces clamaron a Jehová en su angustia,
Y los libró de sus aflicciones.
7 Los dirigió por camino derecho,
Para que viniesen a ciudad habitable.
8 Alaben la misericordia de Jehová,
Y sus maravillas para con los hijos de los hombres.
9 Porque sacia al alma menesterosa,
Y llena de bien al alma hambrienta.
10 Algunos moraban en tinieblas y sombra de muerte,
Aprisionados en aflicción y en hierros,
11 Por cuanto fueron rebeldes a las palabras de Jehová,
Y aborrecieron el consejo del Altísimo.
12 Por eso quebrantó con el trabajo sus corazones;
Cayeron, y no hubo quien los ayudase.
13 Luego que clamaron a Jehová en su angustia,
Los libró de sus aflicciones;
14 Los sacó de las tinieblas y de la sombra de muerte,
Y rompió sus prisiones.
15 Alaben la misericordia de Jehová,
Y sus maravillas para con los hijos de los hombres.
16 Porque quebrantó las puertas de bronce,
Y desmenuzó los cerrojos de hierro.
17 Fueron afligidos los insensatos, a causa del camino de su rebelión
Y a causa de sus maldades;
18 Su alma abominó todo alimento,
Y llegaron hasta las puertas de la muerte.

19 Pero clamaron a Jehová en su angustia,
Y los libró de sus aflicciones.
20 Envió su palabra, y los sanó,
Y los libró de su ruina.
21 Alaben la misericordia de Jehová,
Y sus maravillas para con los hijos de los hombres;
22 Ofrezcan sacrificios de alabanza,
Y publiquen sus obras con júbilo.
23 Los que descienden al mar en naves,
Y hacen negocio en las muchas aguas,
24 Ellos han visto las obras de Jehová,
Y sus maravillas en las profundidades.
25 Porque habló, e hizo levantar un viento tempestuoso,
Que encrespa sus ondas.
26 Suben a los cielos, descienden a los abismos;
Sus almas se derriten con el mal.
27 Tiemblan y titubean como ebrios,
Y toda su ciencia es inútil.
28 Entonces claman a Jehová en su angustia,
Y los libra de sus aflicciones.
29 Cambia la tempestad en sosiego,
Y se apaciguan sus ondas.
30 Luego se alegran, porque se apaciguaron;
Y así los guía al puerto que deseaban.
31 Alaben la misericordia de Jehová,
Y sus maravillas para con los hijos de los hombres.
32 Exáltenlo en la congregación del pueblo,
Y en la reunión de ancianos lo alaben.
33 El convierte los ríos en desierto,
Y los manantiales de las aguas en sequedales;
34 La tierra fructífera en estéril,
Por la maldad de los que la habitan.
35 Vuelve el desierto en estanques de aguas,
Y la tierra seca en manantiales.
36 Allí establece a los hambrientos,
Y fundan ciudad en donde vivir.
37 Siembran campos, y plantan viñas,
Y rinden abundante fruto.
38 Los bendice, y se multiplican en gran manera;
Y no disminuye su ganado.
39 Luego son menoscabados y abatidos

A causa de tiranía, de males y congojas.
40 El esparce menosprecio sobre los príncipes,
Y les hace andar perdidos, vagabundos y sin camino.
41 Levanta de la miseria al pobre,
Y hace multiplicar las familias como rebaños de ovejas.
42 Véanlo los rectos, y alégrense,
Y todos los malos cierren su boca.
43 ¿Quién es sabio y guardará estas cosas,
Y entenderá las misericordias de Jehová

Alabad a Jehová. Este salmista les dice así a las personas. Puedes que alguien pregunte porque yo debo alabar a Jehová, la respuesta es, 'porque él es bueno'. Quiero saber cuántos confiesan y le dicen a alguien que DIOS ha sido bueno. Saca ahora un tiempo no para quejarte dile a alguien que DIOS ha sido bueno. Luego dice que para siempre es su misericordia; DIOS muestra en nosotros su misericordia cada día

Como hay gente llena de rabia, incrédulos, desanimados, lleno de cosas raras, el salmista cambia y dice 'no voy a hablar con todo el mundo solo hablare con los redimidos'.

Con los comprados por la sangre del Cordero y transformados por DIOS, solo quiero que lo digan los redimidos del poder del enemigo, los que trajo del norte, sur este y oeste, de todas partes del mundo. Los que anduvieron perdido en el desierto y en la soledad, en el verso 4: 'los que estaban y sentían solo alaben a DIOS y digan que DIOS ES BUENO, los que andaban con hambre y sed'

Su alma desfallecía verso 5. En el verso 6 dice que clamaron a DIOS. Hay gente en espera de que nosotros hagamos algo y en ocasiones dicen, pero los hermanos hablan de muchos milagros, yo quiero un milagro en mi vida, pero dice la Biblia que clamaron a Jehová en su angustia. ¿En quién tu confías y a quien tu clamas?, yo quiero ayudarte, pero clama a Jehová y él te ayudara, ten fe en DIOS Y EL TE AYUDARA; clama a DIOS. Si tu camino estaba torcido, andabas por un camino inseguro, un camino malo, en el verso 6 dice que DIOS TE DIRIJE POR CAMINO SEGURO, camino derecho. (versos del 10 al 21).

<u>Reflexión del Salmo 145</u>

Alabanza por la bondad y el poder de Dios
Salmo de alabanza; de David.
1 Te exaltaré, mi Dios, mi Rey,
*   Y bendeciré tu nombre eternamente y para siempre.*
2 Cada día te bendeciré,
Y alabaré tu nombre eternamente y para siempre.
3 Grande es Jehová, y digno de suprema alabanza;
Y su grandeza es inescrutable.
4 Generación a generación celebrará tus obras,
Y anunciará tus poderosos hechos.
5 En la hermosura de la gloria de tu magnificencia,
Y en tus hechos maravillosos meditaré.
6 Del poder de tus hechos estupendos hablarán los hombres,
Y yo publicaré tu grandeza.
7 Proclamarán la memoria de tu inmensa bondad,
Y cantarán tu justicia.
8 Clemente y misericordioso es Jehová,
Lento para la ira, y grande en misericordia.
9 Bueno es Jehová para con todos,
Y sus misericordias sobre todas sus obras.
10 Te alaben, oh Jehová, todas tus obras,
Y tus santos te bendigan.
11 La gloria de tu reino digan,
Y hablen de tu poder,
12 Para hacer saber a los hijos de los hombres sus poderosos hechos,
Y la gloria de la magnificencia de su reino.
13 Tu reino es reino de todos los siglos,
Y tu señorío en todas las generaciones.
14 Sostiene Jehová a todos los que caen,
Y levanta a todos los oprimidos.
15 Los ojos de todos esperan en ti,
Y tú les das su comida a su tiempo.
16 Abres tu mano,
Y colmas de bendición a todo ser viviente.
17 Justo es Jehová en todos sus caminos,
Y misericordioso en todas sus obras.
18 Cercano está Jehová a todos los que le invocan,
A todos los que le invocan de veras.

19 Cumplirá el deseo de los que le temen;
Oirá asimismo el clamor de ellos, y los salvará.
20 Jehová guarda a todos los que le aman,
Mas destruirá a todos los impíos.
21 La alabanza de Jehová proclamará mi boca;
Y todos bendigan su santo nombre eternamente y para siempre.
Muchas veces hablamos bien negativo, pero lea el verso 6, del poder de tus hechos estupendos hablaré, hay muchas malas noticias, malos testimonios, malos pensamientos, pero quiero hablar del poder maravilloso de Dios. Si Dios usted se está cayendo, pídele ayuda a Dios, "sostiene Jehová los que caen", no dice a los que y a los pecadores, sino a los que caen derribados, pero no destruidos. Levántese dios lo ama.

Bendito sea Jehová quién me sostiene por mi mano derecha. ¡Aleluya! Abre tus manos, dios te colmará de bendición. Levanta tus manos y alaba. Verso 16 dice "dios colma indicio a todo ser viviente". El salmista aconseja que todos ven digan el nombre de Jehová desde ahora y para siempre.

Fin.

Datos Seculares y Trabajos Comunitarios de Randy Island

Randy estudió su asociado en el College Comercial en Río Piedras, Puerto Rico. Trabajó como empleado de las tiendas de ropa en Rio Piedras y luego para la compañía General y la compañía Caribbean Data. Tiene talleres y cursos técnicos como Asistente de Enfermería, Data Entry, CPR y agente de viaje independiente.

Está entrenado para trabajar crisis de Policías y Militares, es Ministro asesor del Ministerio de Policías y Militares trabajando para Cristo. Cuenta con entrenamiento para conocer el movimiento, para conocer cuando se comienza a formar un tornado por el Departamento del Gobierno del Tiempo en la Florida y además cuenta con los entrenamientos de violencia doméstica (que hacer en estos casos), mujeres maltratadas y como trabajar con ancianos. Cuenta con un entrenamiento con el Departamento de Sheriff de la Ciudad de Orlando una Academia Civil.

Actualmente es voluntario de la prisión de Avon Park en Florida, de la prisión de la ciudad de la Bell en Florida. Y, además, se graduó de la Academia Civil con la Policía del Estado de Orlando. Tomó talleres sobre cómo funciona el Gobierno de Florida dirigido por el Comisionado del Distrito 2 Toni Ortiz. Da consejería a gobernantes de grandes rangos Militares y Policías. Término su estudio teológico en el Instituto Bíblico Mizpa en Carolina Puerto Rico, hizo su maestría y terminó su doctorado en la Florida con la Universidad Visión. Recientemente hizo un doctorado en Ministerio con la Universidad Miscar y su Líder el Rvdo. Félix Pérez en Florida.

Randy se ha destacado como escritor y ha escrito tres libros. Es también cantautor y cuenta con tres producciones musicales. Es Fundador de la Asociación Evangelística de Dios es el Poder, Preparando Líderes, Misioneros y Líderes con una visión evangelística.

Logros en el ministerio del hermano Randy

Se han salvado miles de almas. Ha suplido ropa, zapatos, comida a cientos de familias y niños pobre en el mundo. Les ha celebrado cumpleaños a muchos niños pobres en el mundo. Se han bendecido Escuelas, Orfanatorios y Hogares de niños huérfanos. Sostiene Misioneros y Obreros en diferentes lugares que están asociados a otros ministerios y otras corporaciones.

En el 1986 Randy fue reconocido por la Iglesia de Dios Mission Bpard en Río Piedras, Puerto Rico, como el joven del año. Ha sido reconocido por la prensa escrita, prensa en la televisión y radio en muchos países del mundo. Es respetado por Fraternidades, Confraternidades y Asociaciones de Líderes en el mundo tales como revistas en Italia, Canadá, y otros países del mundo que han hablado del Reverendo Island, para la Gloria del Señor.

A Randy le han dado 5 llaves de ciudades de ciudades en el mundo, algunas 35 proclamas de diferentes Gobiernos, desde Alcalde de New Jersey como el honorable Quintana, hasta el Ayuntamiento Frontera con Haití. El 2 de octubre de 2013 se considera como el día de Randy Island en Búfalo New York. Tiene un certificado de peregrino por el Gobierno de Israel. Tiene un entrenamiento en Grecia Atenas llamado "Siguiendo las Pisadas de Pablo", también tiene un entrenamiento llamado "Siguiendo las Pisada de Pedro" en Roma y Dios le dio el privilegio al hermano Randy de Pisar todas las Aguas Bíblicas en la tierra de Israel desde el Nilo hasta el mar de Galilea, así como también el Mar Muerto.

Trabajo Comunitario y Logros de Randy Island

Lo declararon General en el Congreso de Policías y Militares en República Dominicana, fue reconocido por la Policía de Puerto Rico como Sargento Honorífico, tiene reconocimiento por los militares de la base de Fort Jackson en el Sur de Carolina en los Estados Unidos.

Su labor fue reconocida recientemente por el Senado de Puerto Rico, en La Romana, el Gobierno lo reconoció como Hijo

Distinguido de la Ciudad, la Policía Nacional de República Dominicana le coordinó un evento frente al Palacio Nacional de la Policía, algo no ocurrido en años y bajo su ministerio declararon La Romana Ciudad de Dios por un decreto del gobierno de Republica Dominicana. También el alcalde del pueblo de Añasco, Puerto Rico y pueblo donde nació su esposa declaró a Randy Hijo Distinguido de dicho Pueblo.

Ha predicado eventos gloriosos en el mundo como: Congreso mundial de la Asamblea de Brasil dirigido por el pastor Humberto Zhemy, Congreso Mundial de las Iglesia de Europa en Italia, Bienal de la Iglesia de Dios Pentecostal M.I., en Chicago, Estados Unidos, Congreso de Militares y Policías Internacional en República Dominicana, Congreso de las Isla del Caribe en Bonaire , Congreso de Unción y Poder en Roma, Congreso de Hispano Unido en Suiza, Concentración en Holanda y Ayuno Nacional en Haití, Congreso Especial en las Isla Caicos, Cruzada de Fe en Cuba y en las Isla Tórtolas. Predicó un culto glorioso en Jerusalén, en el Oriente y en Aruba y Concentraciones especiales en España. Agradeció al Espíritu de Dios en Venecia por los favores divinos.

En el 2012 un Alcalde le profetizó que Dios lo honraba con reyes y gobernantes y luego el Alcalde le dijo te doy un manto real y le dio la llave de la Ciudad, Aleluya. En el 2014 el Honorable Eddie Manso, Alcalde, le hace entrega de la llave del pueblo de Loíza, Puerto Rico.

A finales del 2014 ministró en actividades en Suiza y en Múnich en Alemania. Actualmente se destaca en su tiempo libre como maestro de confinados en la Prisión de Corrección en el Estado de la Florida como capellán voluntario de la Institución y en otras instituciones diferentes.

Randy Island es un hombre que cree que de Dios es el poder, un hombre que cree en las promesas divinas. A Dios sea toda la Gloria y la Honra, por cada triunfo cantaré nueva canción, sin Dios nada de esto fuera posible, estos honores son de Dios y para Dios porque de Dios es el Poder.

SOCIAL
Y COMUNITARIO
Trabajo Milicia

Marcos Island y familia

PREMIO EXCELENCIA

Dedico este premio especial para ti, quien has peleado la buena batalla, has sabido mantenerte en victoria, perseverando y guardándote. Por tu amistad, tu amor, dedicación y entrega

---

Firma del Autor Randy Island

9 798696 133768